Mariana Bravo Sepúlveda
Daniel N Wilke
Jorge Andres Polanco

Quantificar e otimizar o impacto dos riscos na sustentabilidade da empresa

Mariana Bravo Sepúlveda
Daniel N Wilke
Jorge Andres Polanco

Quantificar e otimizar o impacto dos riscos na sustentabilidade da empresa

Um modelo estocástico para quantificar e otimizar o impacto dos riscos operacionais na sustentabilidade corporativa

ScienciaScripts

Imprint

Cover image: www.ingimage.com

This book is a translation from the original published under ISBN 978-620-7-64860-3.

Publisher:
Sciencia Scripts
is a trademark of
Dodo Books Indian Ocean Ltd. and OmniScriptum S.R.L publishing group

120 High Road, East Finchley, London, N2 9ED, United Kingdom
Str. Armeneasca 28/1, office 1, Chisinau MD-2012, Republic of Moldova, Europe
Printed at: see last page
ISBN: 978-620-7-72255-6

Quantificar e otimizar o impacto dos riscos na sustentabilidade da empresa
Um modelo estocástico para quantificar e otimizar o impacto dos riscos operacionais na sustentabilidade das empresas

Mariana Bravo Sepúlveda. *Faculdade de Ciências Económicas e Administrativas, Universidad de Medellín, Antioquia, Colômbia (+574).* mabravo@udemedellin.edu.co *(+57 3128526885)ORCID: 0000-0002-4935-1667*

Daniel Nico Wilke, *Faculdade de Engenharia Mecânica, Universidade de Pretória ORCID: 0000-0002-8718-330X*

Jorge-Andrés Polanco. *Faculdade de Engenharia, Universidad de Medellín, Antioquia, Colômbia, ORCID: 000-0002-3469-1685*

Felipe Isaza Cuervo, *Vice-presidente para a Direção Estratégica, Universidad de Medellin, Antioquia, Colômbia, ORCID: 0000-0002-3088-9264*

Resumo

Objetivo - Este estudo procura encontrar uma forma de modelar e otimizar o impacto dos riscos operacionais na sustentabilidade empresarial.
Conceção/metodologia/abordagem - A metodologia baseia-se na atribuição de duas funções de distribuição para criar um modelo probabilístico das variáveis de sustentabilidade (ambiental, social e económica).
Conclusões - O resultado é uma convolução estatística através da simulação de Monte Carlo, realizada com o pacote de software @Risk, para quantificar as perdas agregadas e, finalmente, otimizar as variáveis e estimar o impacto financeiro que os riscos operacionais geram na sustentabilidade da empresa.
Implicações práticas - O modelo proposto oferece uma forma prática de quantificar os riscos operacionais relacionados com a sustentabilidade empresarial, sendo também flexível, uma vez que não requer informação histórica, e pode ser utilizado com dados recolhidos na empresa com base nas distribuições de probabilidade propostas.
Implicações sociais - Esta investigação pode contribuir para a literatura ao revelar os riscos operacionais que afectam a sociedade, o ambiente e o desenvolvimento económico de uma empresa através das orientações de sustentabilidade empresarial.
Originalidade - Este estudo amplia a literatura sobre quantificação de riscos. Assim, este estudo propõe um modelo estocástico que quantifica e optimiza os riscos operacionais relacionados com a sustentabilidade empresarial.
Limitações/implicações da investigação - O modelo proposto tem três limitações: as funções de distribuição, a utilização do Solver (Excel) e a exclusão de algumas estratégias de gestão do risco, que podem ser consideradas em investigações futuras.

Palavras-chave - Risco operacional, Sustentabilidade, Simulação, Monte Carlo, Avaliação do risco, Otimização.

Índice

1. Introdução

Os riscos operacionais geram perdas inesperadas resultantes do desempenho das operações da empresa. Por isso, é necessário desenvolver modelos de previsão de perdas e riscos operacionais associados para reduzir os riscos associados (Cornalba & Giudici, 2004). A gestão do risco utilizada pelas organizações inclui métodos e processos para identificar, gerir e prever a incerteza (Makarova, 2021). Nos últimos anos, tem-se verificado uma mudança de paradigma na gestão do risco no sentido de uma visão holística da gestão do risco (Zhao et al., 2015).

Este estudo centra-se na medição dos riscos operacionais que afectam a sustentabilidade empresarial de um ponto de vista holístico. Assim, é identificada informação sobre técnicas de modelação e quantificação de riscos, revelando que existem vários métodos disponíveis, tais como modelos autoregressivos (Chen et al., 2022), decisões multicritério (Torres-Ruiz & Ravindran, 2018), método dos picos sobre o limiar (Lang et al., 1998), lógica difusa (Moreno-Cabezali & Fernandez-Crehuet, 2020), técnica da árvore binomial (Dehghani & Ataee-pour, 2012), modelos de análise da volatilidade (Odusami, 2021), modelos probabilísticos (Antunes et al., 2017), e a abordagem da distribuição de perdas (Shevchenko, 2009)entre outros métodos de estimativa, para efetuar a estimativa do risco.

Ao procurar modelos de risco operacional que quantifiquem o impacto na sustentabilidade empresarial, verifica-se que nenhum modelo específico mede o impacto do risco na sustentabilidade. Na literatura, foram desenvolvidas aproximações como modelos de quantificação de impactos ambientais (Trumpp et al., 2015) como modelos de medição para a gestão ambiental (Atienza-Sahuquillo & Barba-Sánchez, 2014) ou impacto social (Hernández-Perlines & Sánchez-Infantes, 2016) através da quantificação de indicadores de responsabilidade social (de la Cuesta González et al., 2015) e da quantificação económica (Kolotzek et al., 2018). A quantificação e a otimização do risco permanecem em aberto (Griffy-Brown et al., 2019).

Para desenvolver um modelo de risco operacional, este estudo quantificou as causas e as consequências dos riscos num contexto simulado. Para tal, foi selecionada uma função de distribuição padrão para a frequência e a gravidade, uma vez que existem muitas empresas para as quais não existe informação histórica disponível para identificar modelos estatísticos adequados. Ao contrário da seleção das funções de distribuição, é necessário dispor de dados suficientes para identificar os modelos estatísticos adequados.

Tendo em conta estas funções de distribuição, as perdas por risco operacional podem ser medidas através da convolução entre a frequência e a gravidade (Cornalba & Giudici, 2004). Este facto é conhecido como o risco inerente possível (Andersen & Häger, 2010) para a empresa devido à sua exposição operacional.

Posteriormente, esta investigação baseada no modelo procura reduzir o impacto negativo nas empresas e melhorar o desempenho e a rentabilidade dos negócios, optimizando a eficiência da gestão empresarial (Zhang, 2020). Assim, é realizado um processo de otimização para quantificar a importância da otimização dos custos (Rakhaev, 2020) através da análise da dotação orçamental para realizar a gestão do risco, para que as empresas possam encontrar os parâmetros óptimos (Zhu et al., 2022).

O resto do presente documento está estruturado da seguinte forma. A Secção 2 explica a metodologia utilizada, seguida da Secção 3, que apresenta os resultados. A secção 4 resume a discussão crítica e as conclusões são apresentadas na secção 5.

2. Materiais e métodos

Para o desenvolvimento do modelo, este estudo inicia-se com uma revisão da literatura, recolhendo amostras da Scopus, aplicando a exportação de dados como técnica de recolha de dados (título - resumo - palavras-chave), para rever os modelos existentes em termos de risco operacional, que posteriormente define a criação do modelo sob um desenho experimental que atribui unidades experimentais aos níveis de tratamento e análise estatística associada ao modelo (Kirk, 2019). Assim, realiza um processo de simulação que consiste em repetir ou duplicar as características e comportamentos de um sistema real. Em (Channell, 1989) maioria das situações, baseia-se num modelo aproximado e aprende sobre esse modelo com soluções aproximadas (Hang Chan & Ying Wong, 2015) com base em teorias e verificações experimentais.

A modelação de um fenómeno aleatório baseia-se na construção de um modelo idealizado (Rolo & Díaz-Cabrera, 2005)onde, através de simulações, se aprende sobre as diferentes características do modelo, comportamento do fenómeno e características das soluções aproximadas (Butler et al., 1997).

As simulações oferecem a possibilidade de reproduzir o cenário subjacente através de experiências (Chan & Wong, 2015) o que ajuda a visualizar, estudar e melhorar o modelo (Chan & Wong, 2015). Por conseguinte, esta investigação utiliza a simulação de Monte Carlo como técnica de análise de dados utilizando o software @Risk®.

A primeira fase da simulação envolveu a geração de números aleatórios ou pseudo-aleatórios (Jack & Kleijnen, 1988). Segue-se a segunda fase da simulação, que implica a modelação através da geração de variáveis aleatórias a partir de distribuições contínuas e discretas (Harling et al., 1958) que descrevem os processos teóricos e empíricos. Finalmente, a variância da resposta do modelo é minimizada (Harling et al., 1958) através da otimização.

Para desenvolver o modelo, as etapas padrão para a avaliação quantitativa de riscos proposta por (Chen et al., 2020) foram tomadas como referência, seguindo as três etapas explicadas na Figura 1 abaixo.

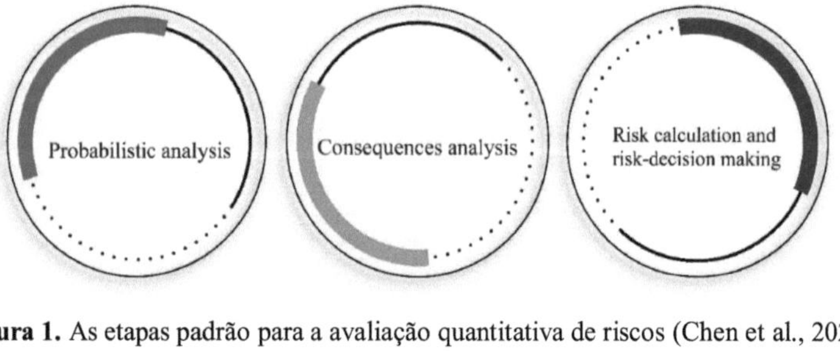

Figura 1. As etapas padrão para a avaliação quantitativa de riscos (Chen et al., 2020).

Em seguida, a formulação de otimização proporciona a flexibilidade necessária para incorporar eficazmente o compromisso risco-retorno (Zhu et al., 2022) fornecendo um mecanismo para integrar as actividades de gestão do risco e otimizar o desempenho (Weeserik & Spruit, 2018; Liagkouras et al., 2022). Nesta investigação, é formulado um problema de otimização para reduzir perdas e custos (Cruz, 2009) usando a análise de alocação de orçamento para realizar a gestão de risco e maximizar o valor do negócio após a quantificação de risco e incerteza (Michalski, 2009).

A otimização é obtida a partir da função de distribuição de probabilidade, porque o risco não considera apenas acontecimentos catastróficos de baixa frequência, mas também consequências menores e acontecimentos de maior frequência (Vilas & Magraw, 2020). Assim, tem uma taxa de precisão elevada para a avaliação do risco e faz previsões mais exactas (Zhai, 2021).

Nesta investigação, a otimização consiste em minimizar o risco operacional a que as empresas estão expostas, o que tem impacto na sustentabilidade empresarial, minimizando o custo de controlo de cada risco através da otimização da dotação orçamental que as empresas têm para gerir o risco.

Com base nestes resultados, obtemos um modelo estocástico para quantificar e otimizar o impacto dos riscos operacionais na sustentabilidade das empresas utilizando a simulação de Monte Carlo.

3. Resultados

Esta secção começa por apresentar os antecedentes da literatura existente, sendo posteriormente desenvolvidos os passos padrão para a avaliação quantitativa dos riscos, propostos na metodologia.

3.1 Contexto literário

A concetualização teórica da variável é um passo importante na investigação (Marín & Noboa, 2014)pois ajuda a definir as abordagens teóricas, os constructos com os quais se vai trabalhar, a metodologia com a qual as variáveis serão medidas. Pode ser apoiada por diferentes softwares científicos que facilitam o processo de análise através de diferentes metodologias quantitativas, qualitativas e mistas (Guerrero & Zapata, 2017)(Guerrero & Zapata, 2017), proporcionando assim uma estrutura lógica para as etapas de análise e interpretação dos resultados.

A simulação de Monte Carlo é um método estatístico para modelar e analisar o mundo real, sistemas e situações.(Kwak & Ingall, 2007). O seu principal objetivo é tentar imitar o comportamento de variáveis reais para analisar ou prever a sua evolução, associando a simulação do movimento para a frente e a recursão do movimento para trás da programação dinâmica através de um processo de pesquisa iterativo (Grant et al., 1997) para obter uma aproximação que permita quantificar os efeitos do risco e da incerteza.

A simulação baseia-se na geração de variáveis aleatórias (Kritzman, 1993) para gerar modelos estocásticos que, através da simulação, tentam imitar o comportamento passado de um conjunto de dados e analisar a sua possível evolução. Uma vez que (Baddeley et al., 2017) a simulação de Monte Carlo é efectuada, extrai-se um número muito grande de cenários possíveis com os quais se geram intervalos de confiança (Silva, 2017).

A análise de Monte Carlo foi utilizada para estimar os riscos (Jaco et al., 2021)porque a análise de incerteza fornece informações sobre as distribuições que explicam os resultados (Parolin et al., 2021). Esse tipo de análise envolve estatística, probabilidade e atribuição de funções de distribuição teóricas (Chang et al., 2018). Em contrapartida, estudos de análise estocástica mostram que esse tipo de análise ajuda a reduzir a incerteza ((Jing et al., 2012)e aumenta a fiabilidade dos dados associados ao risco (Kerim & Zeynep, 2021).

Além disso, as técnicas de simulação de Monte Carlo ajudam a derivar objetivamente o perfil de risco e a distribuição que é utilizada para representar a curva de risco inerente. Assim, (Sokri, 2019) o processo de simulação tem variáveis de entrada com as quais gera a simulação do modelo e, posteriormente, os seus outputs; assume também que as distribuições das variáveis de entrada são conhecidas. Enquanto a distribuição das variáveis de resposta é desconhecida (Saliby, 1990)(Saliby, 1990), a atribuição de uma variável aleatória com a distribuição para lidar com a incerteza num ambiente (Yakhchali, 2011) Ao simular um problema, as variáveis aleatórias de entrada são substituídas por amostras.

No caso das perdas devidas ao risco operacional, são atribuídas variáveis aleatórias para caraterizar um evento de risco, em que (Peña et al., 2018) a frequência define o número de vezes que um evento de risco se repete em cada período, e a gravidade mostra o número de perdas expressas numa moeda durante um período. Em geral, a frequência é modelada através de distribuições discretas, enquanto a gravidade é modelada através de distribuições contínuas.

A distribuição de probabilidade associada à explicação dos dados deve ser atribuída (Zhang & Jin, 2020)Para o efeito, existem técnicas como os testes de bondade de ajuste que, em função do tipo de dados disponíveis, os testes de qui-quadrado X^2 (Dutta & Perry, 2007), Kolmogorov-Smirnov K-S, (Feng et al., 2013) ou Anderson-Darling A-D (X. Yang & Sam Mannan, 2010).

No entanto, existem muitas empresas para as quais não existe informação histórica disponível para efetuar este tipo de modelação (Cruz, 2006). Por conseguinte, esta investigação supervisiona a seleção de uma função de distribuição padrão tanto para a frequência como para a gravidade, em que qualquer empresa pode utilizar a sua informação para gerar os parâmetros de entrada e modelar a partir de distribuições padrão.

Isto é apoiado pelo facto de vários autores terem demonstrado que um conceito-chave para a modelação é a adequação da informação disponível, reduzindo assim a incerteza, a ambiguidade e a complexidade (Pich et al., 2002). Além disso, alguns dos métodos são insuficientes para modelar as variáveis e o comportamento dos processos, o que representa uma falta de informação crucial para fazer previsões exactas. A simulação de Monte Carlo evita muitos destes inconvenientes (Torres et al., 1998).

3.2 Etapas padrão para a avaliação quantitativa dos riscos

Para desenvolver o modelo, esta investigação baseia-se nas etapas padrão da avaliação quantitativa dos riscos, que consistem em efetuar uma análise probabilística, uma análise das consequências, um cálculo dos riscos e uma tomada de decisão sobre os riscos (Chen et al., 2020). Para o efeito, propõe-se uma modelação estocástica utilizando a simulação de Monte Carlo. Por conseguinte, as distribuições seleccionadas para cada uma das variáveis utilizadas no modelo são discutidas a seguir.

3.2.1 Análise probabilística (função de distribuição selecionada para a frequência)

A frequência de medição do risco operacional é modelada usando distribuições discretas (Peña et al., 2018)onde as distribuições de probabilidade discretas mais populares são Bernoulli, binomial, geométrica, hipergeométrica, multinomial, binomial negativa, Poisson e uniforme discreta. No entanto, (Sinharay, 2010) para modelar a frequência na medição do risco operacional, distribuições como a binomial (Klenke & Mattner, 2010), binomial negativa (Elbatal et al., 2010)e Poisson (Jayasree & Swamy, 2006) são adoptadas.

A distribuição de Poisson é utilizada para determinar a probabilidade de um determinado número de eventos ocorrer num intervalo de tempo fixo; por conseguinte, a distribuição selecionada para este estudo é a distribuição de Poisson.

Nos modelos de medição, os eventos de risco operacional evidenciaram a distribuição de Poisson (Hussain, 2020). Onde a distribuição de Poisson segue uma distribuição com parâmetro λ definido para um intervalo de tempo (Beltrán-Beltrán & O'Reilly, 2019) como mostra a Figura 2.

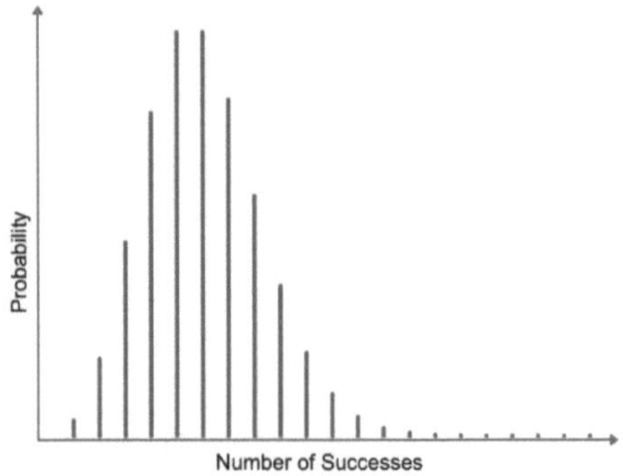

Figura 2. A função de densidade de probabilidade da distribuição de Poisson adaptada pelos autores.

A função de densidade da distribuição de Poisson, em que X representa o número de resultados que ocorrem em cada intervalo de tempo t e λ é a média dos resultados por unidade de tempo, é (Jayasree & Swamy, 2006) apresentada na Equação 1:

$$p(X = x) = \frac{e^{-\lambda t}(\lambda t)^x}{x!} \quad x = 0, 1, 2 \ldots, \lambda > 0$$

Equação 1. Função de densidade da distribuição de Poisson

O parâmetro λ mede a intensidade das perdas por risco operacional por unidade de tempo, que é o número de perdas registadas ao longo do tempo.

3.2.2 Análise das consequências (função de distribuição da gravidade ou das perdas monetárias)

Nesta investigação, para definir a função de distribuição da gravidade, são analisadas diferentes distribuições contínuas, tais como as funções de distribuição normal, lognormal, uniforme, triangular e a técnica de revisão da avaliação do programa (PERT), seleccionando posteriormente a função de distribuição PERT. Uma vez que a função de distribuição normal ou lognormal não pode ser utilizada devido à natureza das caudas e a função de distribuição uniforme atribui a mesma probabilidade aos dados. Por conseguinte, esta não é utilizada no modelo e, ao comparar a distribuição triangular com a PERT, verificou-se que a função triangular injecta maior volatilidade no modelo.

A seleção do modelo de distribuição é apoiada por outros autores que efectuaram previamente comparações entre estas distribuições (i.e., normal, lognormal, triangular e PERT), e mostraram nos resultados das suas investigações que não existe diferença significativa nas distribuições de saída quando estas são utilizadas como distribuições de entrada com os mesmos valores de média e variância (Visser, 2016). Para além disso, há autores que já utilizaram a função de distribuição PERT para simular e analisar riscos (Pan & Xin, 2013) através da descoberta de três pontos (Sackey & Kim, 2019) na literatura que esta distribuição é muito utilizada devido à sua flexibilidade para se adaptar a situações em que a ausência de dados específicos não impede que se tenha uma ideia global do comportamento estatístico (Forcael et al., 2018).

Depois de eliminar as outras funções disponíveis e selecionar a função de distribuição PERT, a literatura existente sobre a distribuição PERT é revista, revelando que a distribuição PERT é um método tradicional para modelar incertezas (Liu et al., 2021). Utiliza um método de estimativa de três pontos, ou seja, os pontos otimista, pessimista e mais provável (Chang et al., 2019). A Figura 3 abaixo mostra os pontos de uma função de distribuição PERT.

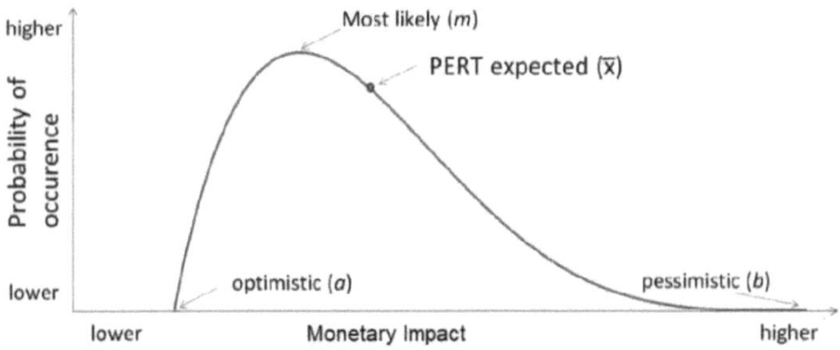

Figura 3. A distribuição PERT (Hajdu & Bokor, 2016) com anotação interpretativa adaptada pelos autores.

Isto pode ser explicado pela média expressa na Equação 2 e pela variância na Equação 3 abaixo:

$$X = \frac{a+4m+b}{6}$$

Equação 2. Média da distribuição PERT

Variância, σ_x^2 é definida na Equação 3:

$$\sigma_x^2 = \left(\frac{b-a}{6}\right)^2$$

Equação 3. Variância da distribuição PERT

3.2.3 Cálculo do risco e tomada de decisões sobre o risco

A literatura tem vindo a investigar a forma de identificar, analisar, prever, avaliar e gerir diferentes tipos de risco (Chen & Zhao, 2022)sem muito sucesso. Por conseguinte, este documento visa preencher esta lacuna, fornecendo passos para a gestão do risco operacional relacionado com a sustentabilidade empresarial.

Após a determinação das variáveis, desenvolve-se a conceção do sistema de simulação em que se descreve a conceção pormenorizada do modelo, que, de acordo com (Zhang & Wang, 2021) o sistema de simulação deve dispor de informações para a estimativa da distribuição de probabilidade, a estimativa da distribuição de impacto e o método de cálculo das perdas agregadas. Assim, cada um dos passos a seguir é explicado de seguida utilizando o software @Risk®. A Figura 4 resume os passos efectuados neste estudo.

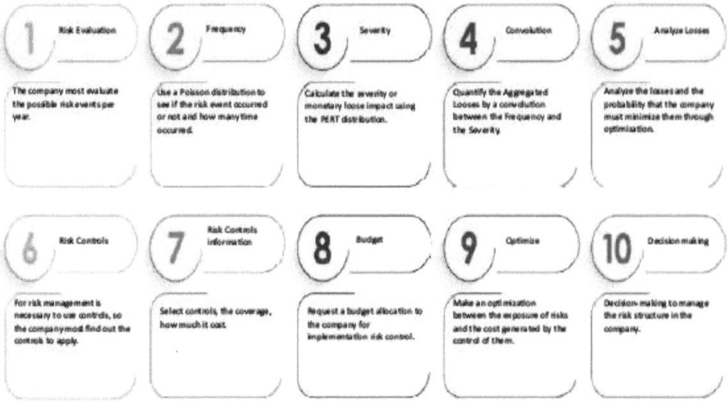

Figura 4. Proposta de uma estratégia em dez etapas para a quantificação dos riscos e a tomada de decisões

3.2.3.1 Etapa 1: Avaliação dos riscos - Identificação

Identifique os riscos operacionais que geram impactos ambientais, sociais e económicos, que devem ser definidos qualitativamente da seguinte forma

1. Definição das causas
2. Classificação dos riscos
3. Identifique as consequências

Depois de obter estas informações, deve organizá-las de acordo com a Tabela 1 para atribuir as informações quantitativas correspondentes.

Quadro 1. Este quadro ilustra a forma como a informação qualitativa deve ser colocada na fase de identificação.

	Ambiente	
Causas	**Risco**	**Consequências**
$Causa_1$	$Risco_1$	$Consequência_1$
...	...	...
$Causa_n$	$Risco_n$	$Consequência_n$

	Social	
Causas	**Risco**	**Consequências**

Causa$_1$	Risco$_1$	Consequência$_1$
...	...	...
Causa$_n$	Risco$_n$	Consequência$_n$

Económico

Causas	**Risco**	**Consequências**
Causa$_1$	Risco$_1$	Consequência$_1$
...	...	...
Causa$_n$	Risco$_n$	Consequência$_n$

3.2.3.2 Passo 2: Atribua informação quantitativa a variáveis qualitativas para quantificar a frequência

Para atribuir informação quantitativa para a frequência, deve ser analisado quantas vezes o evento (risco) se pode materializar durante um ano e dividir esse número por 365. Isto produzirá o parâmetro λ, necessário para introduzir informações como entradas nas funções de distribuição para produzir a Figura 5. Para utilizar a distribuição de Poisson, deve ser introduzida a probabilidade de o evento se materializar num ano, que é o valor atribuído a P_i. Isto simula se o risco se materializa e quantas vezes se materializa por ano.

Figura 5. Parâmetros adicionados à distribuição de Poisson.

3.2.3.3 Etapa 3: Atribua informações quantitativas a variáveis qualitativas para quantificar a gravidade

Para atribuir informações quantitativas à gravidade, deve ser efectuada uma análise das consequências e deve ser atribuído um valor mínimo de perda (no melhor dos casos, 0), o valor mais provável de perda e um valor máximo de perda, utilizando a distribuição PERT, que será atribuída a X_i, como mostra a Figura 6.

Figura 6. Parâmetros adicionados à distribuição Pert.

3.2.3.4 Etapa 4: Quantifique o impacto da amostragem através de uma convolução.

Para quantificar o impacto da amostragem para cada pilar de sustentabilidade, a convolução estatística das variáveis aleatórias foi quantificada para cada risco (Bertsch et al., 2014). Uma convolução é um operador que transforma duas funções, p_i e x_i numa terceira função, em que a convolução de p_i e x_i é denotada por $p\ x_{ii}$ e é definida como o integral do produto de ambas as funções depois de deslocar uma delas por uma distância, t, (Razminia & Razminia, 2022) como mostra a Equação 4.

$$(P_i X_i) = \int_{-\infty}^{+\infty} P_i(n) X_i(t-n) dn$$

Equação 4 - O processo de convolução é definido como o integral do produto de ambas as funções.

O efeito da convolução na prática é criar funções de distribuição de probabilidade (PDF; Mitchell et al., 2005). Neste estudo, o impacto da amostragem resulta da multiplicação das distribuições de Poisson e PERT, como se mostra no Quadro 2.

Tabela 2. A organização dos dados quantitativos para efetuar a convolução.

		Ambiente	
Evento	**Frequência**	**Gravidade**	**Impacto da amostra**
$Risco_1$	p_{a1}	x_{a1}	$p\ x_{a1a1}$
...	...	...	...
$Risco_n$	p_{an}	x_{an}	$p\ x_{anan}$
		Social	
Evento	**Frequência**	**Gravidade**	**Impacto da amostra**
$Risco_1$	p_{s1}	x_{s1}	$p\ x_{s1s1}$
...	...	...	...
$Risco_n$	p_{sn}	x_{sn}	$p\ x_{snsn}$
		Económico	
Evento	**Frequência**	**Gravidade**	**Impacto da amostra**
$Risco_1$	p_{e1}	x_{e1}	$p\ x_{e1e1}$

...	...	...	...
$Risco_n$	p_{en}	x_{en}	$p\ x_{enen}$

Este processo deve ser realizado para classificar os riscos ambientais, bem como os riscos sociais e económicos, obtendo-se assim três grupos de perdas agregadas após a realização da convolução, como mostra a Figura 7.

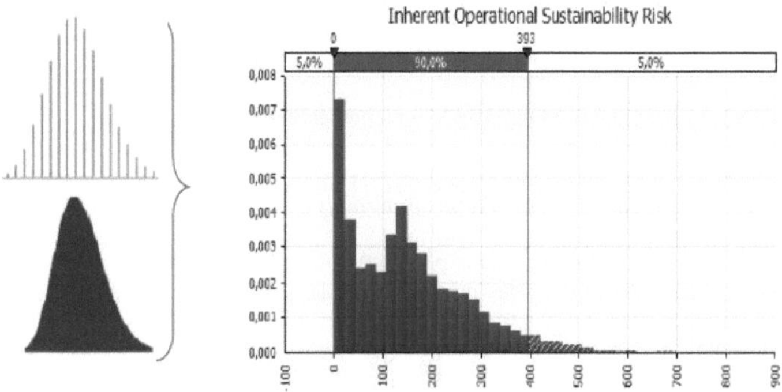

Figura 7. A convolução estatística seguida neste estudo para quantificar as perdas esperadas.

Para quantificar as perdas esperadas para cada pilar da sustentabilidade, é necessário calcular o risco inerente, que é a soma do produto de cada impacto de risco com a sua probabilidade (Capone & Narbaev, 2022) como mostra a Equação 5, portanto as perdas totais são a soma do impacto amostral por grupo:

$$\sum (impact_i * probability_i)$$

Equação 5 - As perdas esperadas.

Depois, quando se aplica a fórmula anterior, para cada um dos pilares da sustentabilidade, deve calcular-se o produto de cada risco e o somatório total de cada pilar, como se mostra na Equação 6 para as perdas esperadas por efeitos ambientais (Theta θ), na Equação 7 para as perdas esperadas por efeitos sociais (Phi φ) e na Equação 8 para as perdas esperadas por efeitos económicos (Epsilon ε). Isto é dado para as perdas agregadas no tempo t, que depende do número de eventos que se materializam de acordo com a distribuição de Poisson, onde n_t é aleatório e depende do tempo t, que dá a distribuição de Poisson.

$$\theta(t) = \sum_{i=1}^{n} p_{ai} x_{a_i}$$

Equação 6 - As perdas esperadas devido a efeitos ambientais.

$$\varphi\,(t) = \sum_{i=1}^{n_t} p_{si} x_{si}$$

Equação 7 - As perdas esperadas devido a efeitos sociais.

$$\varepsilon\,(t) = \sum_{i=1}^{n_t} p_{ei} x_{ei}$$

Equação 8 - As perdas esperadas devido a efeitos económicos.

3.2.3.5 Passo 5: Calcule as perdas totais esperadas e analise as perdas.

Uma vez obtido o cálculo das perdas para cada pilar de sustentabilidade, é necessário calcular as perdas totais esperadas no tempo t, que serão determinadas pela soma das perdas devidas aos efeitos ambientais, das perdas devidas aos efeitos sociais e das perdas devidas aos efeitos económicos. A equação 9 mostra o cálculo das perdas totais esperadas no tempo t.

$$Total\ expected\ losses(t) = \sum_{i=1}^{n} \theta\,(t) + \varphi\,(t) + \varepsilon\,\,(t)$$

Equação 9 - O total de perdas esperadas.

Se a soma das perdas totais (Equação 9) exceder o valor do capital próprio, uma consequência do efeito temporário (Lozano & von Haartman, 2018) em que a empresa pode entrar em falência.

Em seguida, as perdas totais esperadas devem ser incluídas como um resultado na simulação e na análise, e executar a simulação de Monte Carlo, que é efectuada utilizando o software @Risk® nesta investigação. Foram analisadas estatísticas descritivas para quantificar o impacto dos riscos na sustentabilidade empresarial. A Figura 8 resume o processo que segue o modelo de quantificação das perdas agregadas dos riscos relacionados à sustentabilidade empresarial e as etapas subsequentes necessárias para concluir a análise.

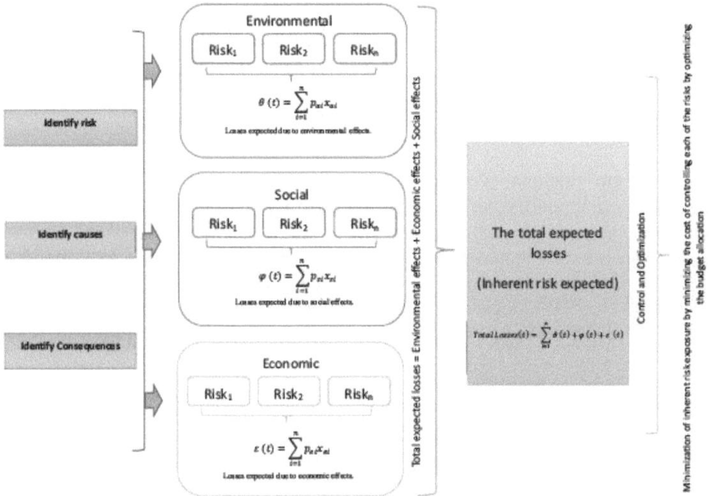

Figura 8. Processo de quantificação proposto para permitir uma formulação de otimização.

Após considerar as potenciais perdas que a empresa pode incorrer devido à materialização dos riscos operacionais, foi efectuada uma gestão de controlo de risco para otimizar o modelo. A próxima etapa demonstra como o controlo de risco é utilizado para implementar a otimização do modelo.

3.2.3.6 Etapa 6: Controlos dos riscos

Existem diferentes formas de reduzir a exposição através da utilização de controlos de risco (Zhang, 2020). Existem quatro estratégias disponíveis para lidar com as ameaças (Hosny et al., 2018): evitação, aceitação, transferência e mitigação (Kouloukoui et al., 2019). Evitar é eliminar uma ameaça através da eliminação da sua causa. A (Gao et al., 2018) objetivo da mitigação é reduzir a probabilidade de ocorrência, minimizar o potencial de risco ou tomar medidas para tratar os efeitos ou consequências desse risco. Transferência (Keshk et al., 2018) refere-se às consequências da transformação do risco para uma terceira parte. Semelhante à aceitação (Barbosa et al., 2022)esta estratégia não implica a alteração do plano corporativo para lidar com o risco.

Assim, a empresa deve decidir a estratégia para selecionar os elementos que compõem cada controlo.

3.2.3.7 Etapa 7: Informações sobre os controlos dos riscos

Uma vez decidida a estratégia a utilizar, a empresa deve selecionar os elementos que compõem o controlo selecionado.

A estratégia de mitigação ajuda a reduzir a probabilidade de entrada em risco e a perda esperada (Hoang & Ruckes, 2017), sendo que os elementos que fazem parte desta estratégia são acções como planos de formação (Fu et al., 2020) para o duplo controlo (Stocker et al., 2014), controlos de acesso físico (Leith & Piper, 2013), controlo periódico dos processos (Hardison et al., 2014) vigilância (Power, 2013), e monitorização de indicadores (Leveson, 2015).

Outros elementos incluem a manutenção preventiva (Gonzalez-Cortes et al., 2022), supervisão das actividades do processo (Komljenovic et al., 2017), implementação de equipamento de proteção individual (Lu et al., 2022), tecnologias como os antivírus (Senarak, 2021), implementação de novas tecnologias e Investigação, Desenvolvimento e Inovação I+D+I (Ghadimi et al., 2022), implementação de centrais eléctricas (Mendicino et al., 2019), cópias de segurança (Roy Sarkar, 2010), manutenção correctiva (Chin et al., 2020), planos de emergência (Krausmann et al., 2019), e auditorias (Danescu et al., 2015).

A estratégia de transferência toma medidas que transformam as consequências do risco para um terceiro, o que também significa transferir a responsabilidade do risco (Keshk et al., 2018). Os elementos utilizados neste tipo de estratégia são constituídos em apólices de seguro (Howell, 2020), contratação através de outsourcing (Stainer & Grey, 2007), coberturas financeiras (Gao et al., 2015), e utilização de derivados financeiros (Bakke et al., 2016)entre outros. Estes exemplos ilustram os tipos de ferramentas que podem ser utilizadas para mitigação e transferência como estratégias de controlo de risco.

Quando a empresa decide atribuir controlos, estes estão associados a um custo (Finger et al., 2018). Por exemplo, as estratégias de mitigação têm investimentos (Lien et al., 2021) ou custos operacionais associados à redução do risco (Freddi et al., 2021)e quando se procura reduzir o impacto monetário das perdas através de seguros, este está associado ao custo do prémio de seguro (Rikhotso et al., 2022); enquanto que as coberturas financeiras têm associado um custo de transação (Liu & Wang, 2019). Estes custos de gestão do risco devem demonstrar o benefício económico da redução do risco (Shreve & Kelman, 2014). Por isso, a empresa deve ter um orçamento, que é analisado na etapa seguinte.

3.2.3.8 Etapa 8: Orçamento

A redução de riscos tem sido reconhecida na literatura pelo seu papel na mitigação dos impactos ambientais, sociais e económicos negativos (Shreve & Kelman, 2014), onde a sustentabilidade empresarial e a capacidade de estimar e reduzir os riscos de negócio de uma organização estão, sem dúvida, a tornar-se planos indispensáveis das empresas (Hui & Fatt, 2007).

É fornecido um plano de atenuação do risco relativamente ao custo e ao benefício de cada resposta ao risco (Seyedhossein & Moeini-Aghtaie, 2022)A gestão do risco é um processo de gestão de risco, porque as decisões de risco puro tomadas por um gestor de risco empresarial envolvem frequentemente grandes somas de dinheiro e têm implicações importantes para a empresa (Samson, 1987).

Estas empresas despendem recursos consideráveis na criação de programas de gestão estratégica do risco, no estabelecimento de níveis de tolerância ao risco, no desenvolvimento de culturas de risco e na transferência do risco (Staking, 2015). Elas também aplicam reservas de contingência para compensar as consequências do risco

(Hosny et al., 2018)sabendo que o custo da gestão de risco varia com as características da empresa (Howell, 2020)e depende do nível de cobertura, que pode ser total ou parcial (Zhen et al., 2016).

medida que os custos aumentam, é necessária uma justificação das acções em termos financeiros para demonstrar o benefício económico da tomada de decisões face aos riscos (Shreve & Kelman, 2014)A gestão de riscos é um processo de gestão de riscos que requer uma análise custo-benefício, na esperança de que os controlos de risco conduzam à criação de valor através da gestão estratégica de riscos (Howell, 2020).

Tal justifica-se porque o risco tem um impacto financeiro, não só devido às perdas que a empresa pode incorrer, mas também aos custos associados à gestão do risco, aos investimentos necessários para a redução do risco e às despesas operacionais em que o risco residual está envolvido. Este facto influencia o custo médio ponderado do capital (Staking, 2015).

Por conseguinte, se uma empresa pretende gerir o risco para minimizar o seu impacto, tem um custo que está geralmente associado a restrições orçamentais (Mohsni & Otchere, 2014) que são atribuídas ao departamento financeiro (Cousin et al., 2016), gestão (Laínez et al., 2009)e até ao governo (Le et al., 2021). Por conseguinte, a empresa deve solicitar uma dotação orçamental para chegar a uma decisão de cobertura óptima.

Estudos anteriores desenvolveram métodos para otimizar a atribuição de orçamentos utilizando métricas de risco (Roy, 2022)e outros autores forneceram uma série de modelos para otimizar a afetação orçamental em estratégias de mitigação do risco (Dadsena et al., 2019)incluindo aqueles que desenvolveram métodos para estimar a alocação de modelos de otimização de custo-benefício para redução de risco de efeitos dominó (Guo et al., 2022).

Portanto, na etapa seguinte, a alocação do orçamento e as perdas decorrentes dos riscos operacionais relacionados à sustentabilidade devem ser otimizadas para garantir um planejamento eficaz, que proteja e crie valor organizacional (Wang et al., 2021) associado à gestão de riscos.

3.2.3.9 Etapa 9: Otimizar

Para otimizar os riscos operacionais a que o negócio está exposto, devem ser tomadas medidas para minimizar o seu impacto na empresa, com base na execução de acções de mitigação para reduzir os impactos dos riscos (Zafra-Cabeza et al., 2011), e os custos associados (Fatemi & Luft, 2002). Os custos e benefícios das decisões de gestão de riscos corporativos podem ser analisados para melhorar o desempenho corporativo (Mohammed & Knapkova, 2016).

Os investigadores desenvolveram este tipo de investigação com base no cálculo da probabilidade e da perda de risco, e criaram um modelo de otimização para atribuir o orçamento de resposta (Lotfi et al., 2022). Para além disso, outros autores realizaram (Ramírez-Marengo et al., 2013) investigações para otimizar o processo de redução de riscos, incluindo uma análise dos custos associados à prevenção, proteção e mitigação de riscos, fazendo uma otimização baseada em critérios económicos e de tolerância ao risco.

Ao integrar a análise de risco na formulação da otimização, deve considerar elementos como as perdas, os parâmetros de custo, a função de risco e a otimização do custo total (Jung et al., 2010). Com base nestes modelos existentes na literatura, esta investigação desenvolve o seu próprio modelo de otimização.

A otimização matemática é o processo de formular e resolver um problema de otimização com restrições (Snyman & Wilke, 2018). Esta investigação procura uma nova abordagem para otimizar não só as perdas devidas ao risco gerado pelos riscos operacionais nas empresas relacionadas com a sustentabilidade empresarial, mas também a gestão optimizada da atribuição de controlos para gerir os riscos.

Para o efeito, esta investigação procura uma função de custo que visa minimizar a exposição ao risco e os custos associados à gestão de cada risco C_i .

A função apresentada abaixo explica a quantificação do custo, C_i que a empresa tem por cada controlo de risco, i definido em cada processo. A função apresentada na Equação 10 explica a quantificação dos custos que uma empresa tem por cada controlo de risco definido em cada processo.

A empresa deve otimizar a alocação do controlo de risco em que se espera minimizar os riscos e os custos gerados pela aplicação dos controlos. Para isso, existe um determinado custo de controlo e uma percentagem de cobertura de risco, definidos nos passos 7 e 8; assim, o modelo indica quais os controlos que devem ser utilizados, bem como quantas vezes esse controlo deve ser utilizado.

Para formular as funções objetivo e de restrição (Snyman & Wilke, 2018)a estrutura da otimização do modelo é apresentada na Equação 10.

$$f(x) = Total\ Risk\ cost\ after\ apply\ controls$$

Onde o modelo pretende minimizar $f(x)$ como $\frac{min}{x} f(x)$

$$f(x) = \sum_{i=1}^{n} C_i\, T_{ci} + Resid\ Risk * p_i$$

Equação 10 - Custo total do risco após a aplicação dos controlos

Onde:
C_i= Custo do controlo dos riscos
T_{ci} = Tempos de atribuição de controlo
Risco residual = Impacto remanescente após a utilização do controlo dos riscos
$Resid\ Risk$ = Risco inerente * (1-%Cov)
Risco inerente = Perdas totais esperadas (t) = $\sum_{i=1}^{n(t)} \theta\ (t) + \varphi\ (t) + \varepsilon\ (t)$
$\%\ Cov$ = % de cobertura
B_a = Dotação orçamental
Pi = Probabilidade de ocorrência de um risco residual

Restrições ou limitações:

1. $\sum_{i=1}^{n} C_i * T_{ci} + Resid\ Risk * P_i \leq B_a$

2. $\frac{min}{x} f(x) < Inherent\ Risk$
significa que.
$\sum_{i=1}^{n} C_i T_{ci} + Resid\ Risk * P_i < \sum_{i=1}^{n(t)} \theta\ (t) + \varphi\ (t) + \varepsilon\ (t)$

3. $Resid\ Risk \geq 0$

O modelo acima pode ser utilizado para:

- Minimize o risco inerente aplicando controlos tendo em conta a percentagem de cobertura, que é conhecida como risco residual.
- Atribua de forma óptima o orçamento que será utilizado para controlar o risco, analisando o custo e o tempo que o controlo é atribuído.
- Determine o custo total da exposição ao risco; ou seja, analise os custos dos controlos e o risco inerente para a tomada de decisões empresariais.

Por fim, os resultados demonstram a implementação de três das quatro estratégias propostas na literatura sobre gestão de riscos. Uma vez que a estipulação do orçamento permite a afetação de recursos financeiros para implementar estratégias de mitigação e transferência, ao sensibilizar o modelo, os investigadores verificaram que nos dois pontos extremos do orçamento projetado a função conduz a decisões de aceitação do risco. Isto significa que se a empresa não tiver orçamento suficiente, a decisão terá de ser a aceitação do risco. Além disso, no outro ponto extremo da análise, em que o orçamento é infinito, o modelo sugere a aceitação do risco, não sendo necessário gastar em controlos, uma vez que a empresa seria capaz de cobrir as perdas resultantes do risco.

Por conseguinte, a atribuição do orçamento é feita de forma optimizada para atribuir os controlos que podem ser aplicados em função do orçamento e gerir os riscos para reduzir as perdas, aplicando estratégias de gestão do risco para aumentar o valor para os accionistas (Fatemi & Luft, 2002) e o desempenho da empresa (Mohammed & Knapkova, 2016).
Para orientar o leitor na aplicação do modelo, são apresentados quatro cenários hipotéticos no Apêndice A.

1. O primeiro cenário mostra uma simulação do risco inerente sem realizar o processo de otimização.
2. O segundo cenário demonstra a otimização do orçamento contra as perdas devidas ao risco.
3. O terceiro cenário demonstra a aceitação do risco à medida que o orçamento se aproxima de zero.
4. O quarto cenário demonstra a aceitação do risco à medida que o orçamento se aproxima do infinito. Neste caso, não são necessários controlos, porque a empresa é capaz de cobrir quaisquer custos incorridos.

Os cenários foram desenvolvidos em Excel utilizando o software @Risk, implementando todos os passos propostos pela pesquisa fazendo 10.000 iterações por simulação. O modelo levou, para cada simulação, aproximadamente dois minutos de execução.

Considerando os resultados de todas as simulações e os cenários analisados nesta investigação, apresenta-se na Tabela 3 uma comparação dos resultados obtidos nos processos de simulação para os quatro casos (risco inerente, dotação orçamental, orçamento próximo de zero e orçamento infinito).

A Tabela 3 apresenta um resumo da comparação dos resultados da simulação. As setas para cima ▲ são utilizadas para ilustrar o aumento da exposição ao risco, e as setas para baixo ▼ são utilizadas para mostrar a diminuição da exposição ao risco pela atribuição de controlos utilizada pelo modelo.

Tabela 3. Esta tabela mostra a comparação dos resultados das simulações.

Comparação	**Risco inerente**	**Orçamento definido**	**O orçamento tende a Zero**	**O orçamento tende para o infinito**
Afetação orçamental	$ 0	$20	$6	$2000
Mínimo	$ 0	▲ $ 46,95	▲ $ 15,62	▲ $ 7,46
Máximo	$ 1091	▼ $ 556,52	▼ $ 856,27	▼ $ 822,04
Média	$ 151	▼ $ 81,53	▼ $ 120,28	▼ $ 147,06
Resultados do risco residual	NA	Reduz a exposição ao risco e os custos de gestão	Reduz a exposição ao risco e os custos de gestão	Reduz a exposição ao risco e os custos de gestão
Aceitação dos riscos	Risco inerente	Não	Aceitação obrigatória	Aceitação voluntária

3.2.3.10 Etapa 10: Tomada de decisões

Uma perspetiva epistémica reconhece que os decisores reconhecem a incerteza quando projectam o futuro (Luther et al., 2023). Por conseguinte, é necessário tomar decisões conscientes do risco através da quantificação explícita dos riscos (Zheng et al., 2019) para determinar o perfil de risco da empresa e permitir decisões de aceitação ou mitigação de riscos que apoiem a tomada de decisões sob incerteza (Luther et al., 2023).

As técnicas de otimização baseadas na simulação podem ajudar os gestores de risco a melhorar a qualidade das suas decisões; (Oliveira et al., 2019). Assim, este estudo utiliza a simulação para ajudar a tomar decisões baseadas na captura e integração efectiva de informações quantitativas e qualitativas (Odimabo & Oduoza, 2018).

Os resultados deste modelo podem dar respostas às razões pelas quais a literatura procura dar prioridade à gestão orçamental dos esforços de mitigação (Cornwell et al., 2022), e, assim, priorizar os critérios de decisão.

Com base nos resultados anteriores, a empresa poderá tomar decisões para conduzir a gestão do risco operacional, validando o seu impacto na sustentabilidade empresarial, fornecendo medidas objectivas para informar as decisões estratégicas e otimizar os recursos financeiros da empresa, com base em técnicas de otimização e simulação para melhorar o processo de tomada de decisão.

4. Discussão

À luz desta teoria, o modelo apresentado nesta investigação é desenvolvido tendo em conta as etapas padrão para a avaliação quantitativa de riscos proposta por Chen et al. (2020)que inclui a análise probabilística, a análise de consequências, o cálculo do risco e a tomada de decisão sobre o risco. O modelo é baseado na necessidade de gerar modelos de risco que não necessitem de informações históricas, uma vez que as empresas têm evidenciado essa necessidade, segundo autores como Cruz (2006).

O método proposto nesta investigação começa com a identificação dos riscos que segue, em linha com a teoria que reside na definição das causas (Yang et al., 2018), riscos e consequências (Shojaeimehr & Rahmani, 2022)para posteriormente atribuir dados quantitativos de frequência e gravidade para cada pilar da sustentabilidade.

Estudos anteriores identificaram que as distribuições de probabilidade podem ser utilizadas para a medição do risco (Peña et al., 2018)Assim, esta pesquisa atribui uma distribuição discreta para a frequência, tomando Hussain (2020) como ponto de referência, para a qual esta investigação atribuiu uma distribuição de Poisson, e uma distribuição contínua para a gravidade, seguindo autores como Pan e Xin (2013). É selecionada uma distribuição PERT, em que uma convolução estatística (Mitchell et al., 2005) para a quantificação das perdas agregadas. Finalmente, um processo de otimização (Zhu et al., 2022) é realizado para analisar de forma abrangente os riscos da empresa e sua gestão.

A revisão da literatura serviu de base para a criação do modelo. Entretanto, os pilares da sustentabilidade foram atrelados a essa quantificação, criando uma nova metodologia que contribui com a literatura ao classificar os pilares da sustentabilidade e realizar a quantificação, levando a resultados em termos de sustentabilidade empresarial. Para isso, foi utilizada a classificação de sustentabilidade empresarial proposta por Lozano e von Haartman (2018) foi tomada como referência, e os principais resultados são os seguintes:

- O risco inerente pode ser modelado à luz dos pilares da sustentabilidade, o que resulta na agregação dos resultados dos riscos ambientais, sociais e económicos da empresa.
- Se o risco inerente calculado resultante da agregação dos pilares de sustentabilidade for superior ao capital próprio da empresa, o fator tempo proposto por Lozano e von Haartman (2018) como o quarto fator de sustentabilidade se materializa.
- Tornou-se necessário associar o controlo dos riscos para quantificar o efeito da gestão dos riscos.
- Para a execução dos controlos, foi realizada uma análise bibliográfica para compreender as dotações orçamentais exigidas pela gestão do risco, constatando-se a necessidade de realizar um processo de otimização para reduzir a exposição e o custo gerado pela gestão desta redução.
- Os resultados mostram que o risco inerente pode ter um valor mínimo de zero, uma vez que, se nenhum risco se materializar, não haverá perdas, mas o custo mínimo quando os controlos são aplicados não é zero, uma vez que há um prémio de risco pago pelos controlos. Isto faz com que o risco mínimo seja igual ao prémio pago.
- Os controlos conduziram a alterações nas estatísticas de risco, tendo-se observado que a perda máxima diminuiu entre o risco inerente e o risco residual após a

aplicação dos controlos, porque a perda máxima diminuiu após a implementação da gestão do risco.

- Verificou-se também que, quando a probabilidade de ocorrência era muito baixa, o modelo sugeria a aceitação do risco.
- O processo de otimização mostra que, quando as probabilidades são elevadas, o modelo atribui todo ou quase todo o seu orçamento a este risco.
- Finalmente, os resultados da otimização mostram que, em casos extremos em que não há orçamento para a atribuição de controlo ou quando o orçamento é infinito, o modelo segue a aceitação do risco.

Desta forma, é possível estabelecer um contraste entre a literatura existente e os resultados encontrados. Embora o modelo se baseie principalmente nas teorias e métodos de risco existentes, este novo modelo de risco operacional apresenta uma nova relação entre os riscos operacionais e a sustentabilidade empresarial.

5. Conclusões

Ao revisar a literatura sobre a modelagem dos riscos operacionais que impactam a sustentabilidade empresarial, ficou evidente que existem modelos utilizados em estudos anteriores que permitem quantificar o risco operacional principalmente com base em modelos estatísticos que aproximam as perdas esperadas das empresas. Embora existam aproximações de quantificações para alguns pilares específicos da sustentabilidade, como perdas por efeitos ambientais, indicadores de responsabilidade social ou perdas económicas por materialização do risco, não foi encontrado um modelo que permita estimar os riscos operacionais à luz da sustentabilidade empresarial como uma análise holística da empresa.

Os modelos desenvolvidos por outros investigadores revelam que a quantificação do risco operacional recorre normalmente aos métodos de simulação de Monte Carlo. Este estudo também utiliza métodos desenvolvidos na literatura anterior, tendo como referência este tipo de quantificação.

Entretanto, os modelos atualmente utilizados necessitam de informações históricas e não estão totalmente vinculados à sustentabilidade empresarial. Para identificar as limitações das empresas que desejam quantificar os riscos operacionais e não dispõem de informações históricas, esta pesquisa passa a avaliar os métodos de simulação de Monte Carlo, que são as distribuições mais utilizadas na literatura para esse tipo de modelagem. Segundo os autores que vêm desenvolvendo esse tipo de análise ao longo do tempo, a freqüência é normalmente modelada por meio de funções de distribuição discretas, e a severidade é normalmente modelada por meio de funções de distribuição contínuas.

Com base na experiência destes autores, e com o objetivo de beneficiar a comunidade científica e as empresas que necessitam de quantificar os riscos operacionais, que também estão relacionados com a sustentabilidade empresarial, este estudo procede à seleção de duas funções de distribuição. A primeira explica a frequência com base numa distribuição de Poisson, e a outra explica a severidade através de uma distribuição PERT, permitindo à empresa quantificar o risco com base em parâmetros da empresa ou em opiniões de peritos que permitam aproximar esses valores.

Assim, os resultados deste estudo podem ser interpretados, na perspetiva de estudos anteriores, como uma opção para fornecer ferramentas às empresas que não dispõem de informação histórica para a modelação do risco.

Finalmente, é conduzido um processo de otimização para reduzir o impacto dos riscos na empresa através do controlo dos riscos, optimizando as dotações orçamentais da empresa. Após o desenvolvimento do modelo e a análise de diferentes cenários para os resultados, o modelo apresenta três limitações.

Em primeiro lugar, ao sugerir as funções de distribuição Poisson e PERT como funções de distribuição padrão, os resultados podem gerar enviesamentos, ou podem ser limitados, e podem mesmo ser manipulados. Por conseguinte, se for necessário considerar outras distribuições, o modelo pode ser alterado tendo em conta as três características principais estudadas nesta investigação: a natureza da variável aleatória (se é discreta ou contínua), a natureza da limitação das caudas da distribuição (se é limitada, parcialmente limitada ou ilimitada) e os parâmetros que a empresa pode obter como informação para a atribuição da distribuição (os inputs).

Em segundo lugar, o Solver (Excel) tem problemas com soluções de mínimos e máximos relativos. Se encontrar uma solução óptima quando voltar a executar o modelo, não executa a otimização; os valores de semente devem ser sempre utilizados para voltar a executar o modelo.

Em terceiro lugar, o modelo considera apenas três das quatro estratégias propostas na literatura sobre gestão de riscos, pois o modelo faz alocações orçamentárias para redução e transferência, e sugere a aceitação de riscos em alguns cenários. No entanto, a evitação não foi considerada e, portanto, essa estratégia não é considerada como forma de controle de riscos na metodologia desta pesquisa.

Estudos futuros devem aprofundar a análise da afetação orçamental para encontrar uma forma de utilizar os recursos de forma optimizada. Para além das conclusões deste estudo, é possível indicar se a dotação orçamental deve ser utilizada para reduzir a frequência através de estratégias de atenuação, reduzir a gravidade através de estratégias de transferência ou combinar ambas as estratégias para definir a estratégia óptima de gestão do risco.

Além disso, esta pesquisa enfatiza a modelagem; portanto, em investigações futuras, sugere-se examinar em detalhes os processos de identificação e monitoramento de riscos que fazem parte da gestão integrada de riscos, conforme indicado na literatura.

Finalmente, a principal contribuição deste estudo é o facto de ser um modelo prático para as empresas implementarem a quantificação dos riscos operacionais e demonstrarem o seu impacto na sustentabilidade empresarial, modelando a frequência, a gravidade e o cálculo das perdas agregadas através dos 10 passos propostos.

6. Apêndice A

Cenário 1 - Simulação do risco inerente sem realizar o processo de otimização.

Nos gráficos que se seguem, o eixo X representa as perdas e o eixo Y representa a probabilidade. Os resultados para cada pilar de sustentabilidade são apresentados de seguida.

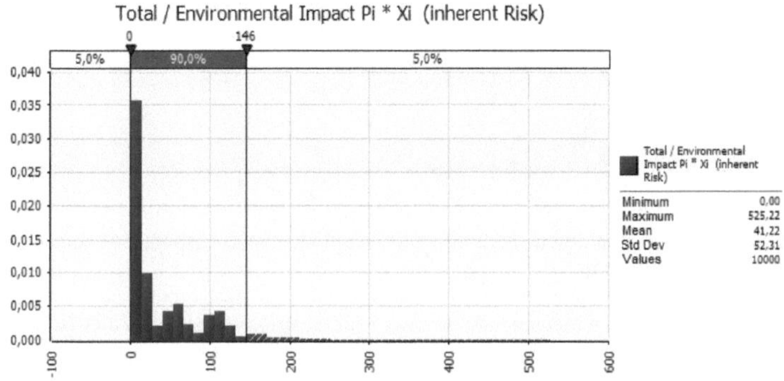

Figura A1. Risco ambiental inerente $\theta(t)$ calculado como a soma dos impactes que geram os riscos (Equação 6).

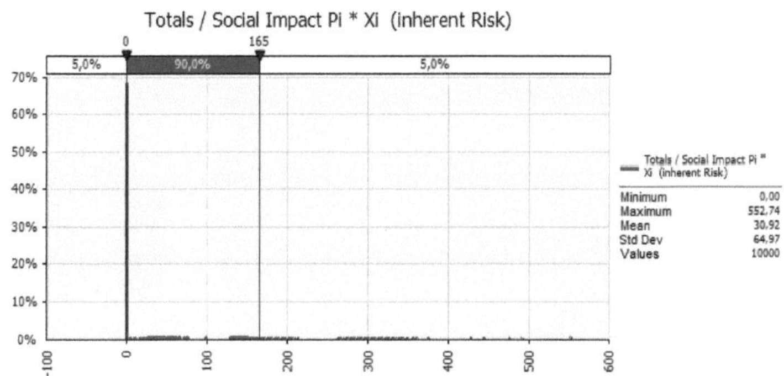

Figura A2. Risco social inerente $\varphi\ (t)$ calculado como a soma dos impactos que geram os riscos (Equação 7).

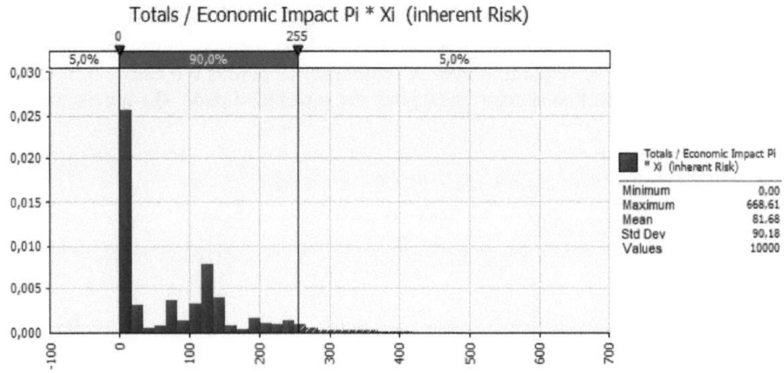

Figura A3. Risco económico inerente ε (t) calculado como a soma dos impactos que geram os riscos (Equação 8).

Uma vez obtida a mensuração de cada pilar da sustentabilidade, calcula-se o risco inerente total, conforme Figura A4, que se baseia na soma de todos os riscos, também conhecido como modelo de perdas agregadas (Equação 9). Desta forma, obtém-se o risco inerente, que explica a exposição total da empresa devido à materialização dos riscos ambientais, sociais e económicos. A Equação 9 mostra a soma dos riscos classificados de acordo com os pilares da sustentabilidade.

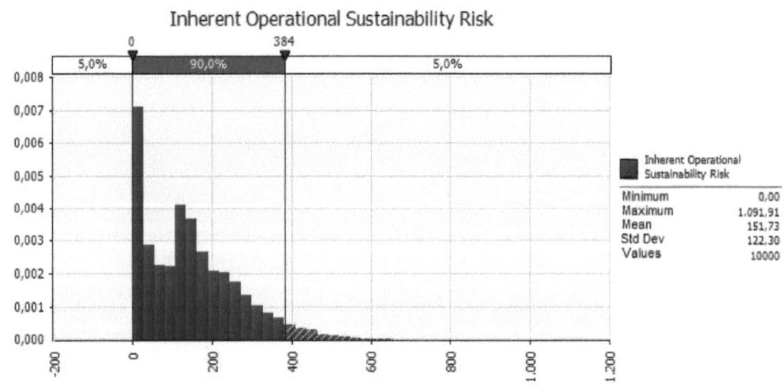

Figura A4. Resultados de uma simulação das perdas agregadas devidas aos riscos inerentes.

Após o cálculo do risco inerente, foi efectuada uma análise de três cenários, validada através de otimização: o que acontece se houver orçamento, se não houver orçamento ou se o orçamento tender para o infinito. Os resultados foram os seguintes:
Cenário 2 - Simulação com afetação orçamental.

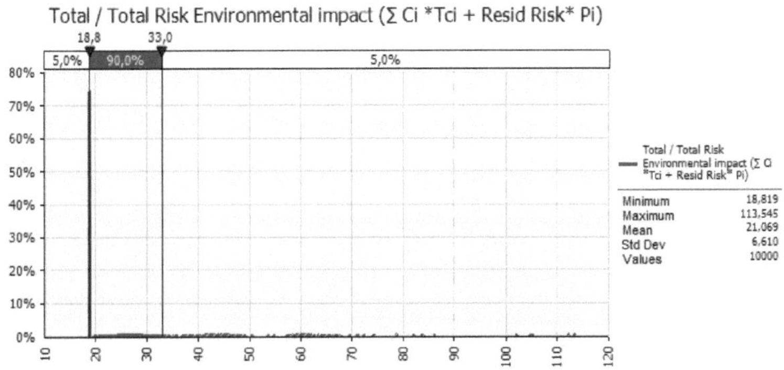

Figura A5. O risco ambiental residual que teve alguma dotação orçamental e gestão é evidente no resultado, que mostra a diminuição das perdas devido ao risco.

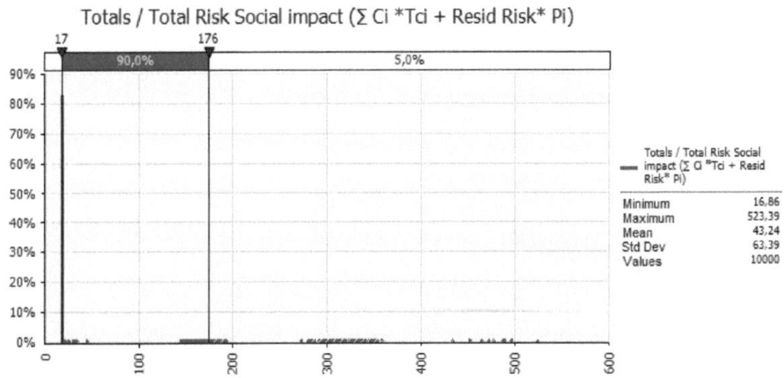

Figura A6. O risco social residual.

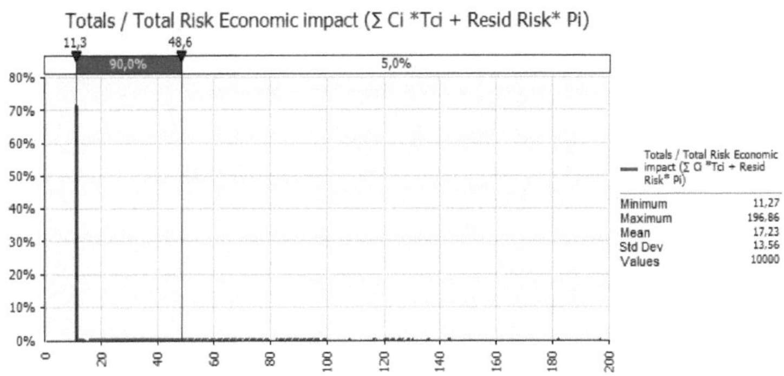

Figura A7. Risco residual económico que com um orçamento baixo teve um controlo que permitiu reduzir o risco para o qual gerou efeitos nas perdas agregadas.

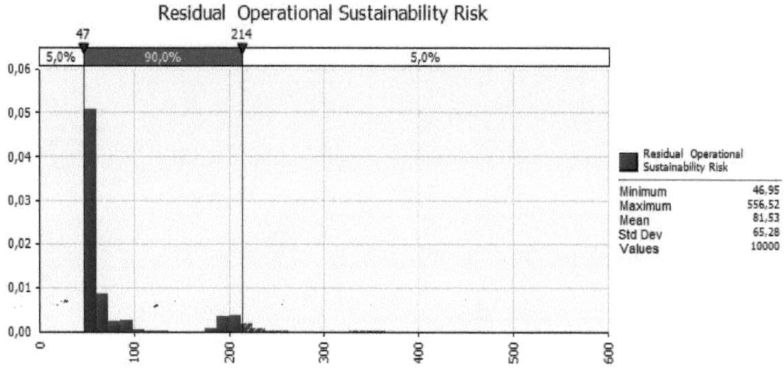

Figura A8. Risco residual após o processo de otimização.

Neste caso, torna-se evidente que o risco diminui, pois o risco residual apresenta uma diminuição nos resultados da estatística descritiva da simulação, onde são evidentes as reduções dos valores máximos e das médias. No entanto, no valor mínimo, há sempre um aumento devido ao prémio de risco pago (o custo dos controlos), que a empresa incorre para gerir a redução da sua exposição ao risco.

Cenário 3- O orçamento tende para zero.

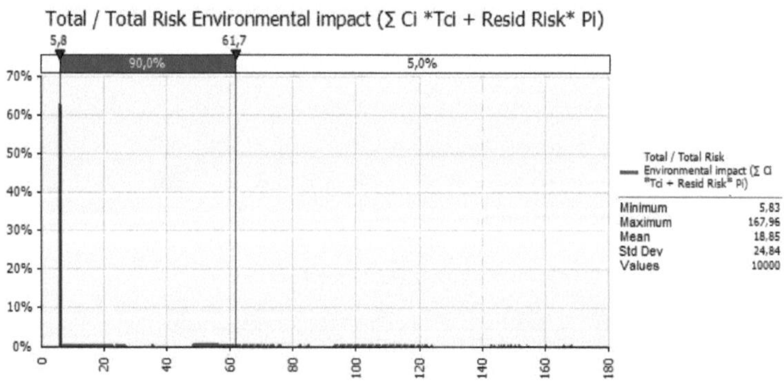

Figura A9. Risco residual ambiental com baixa dotação orçamental.

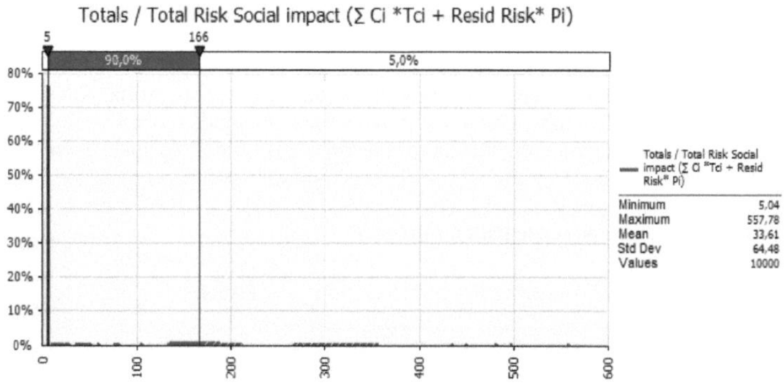

Figura A10. Risco residual social com baixa dotação orçamental.

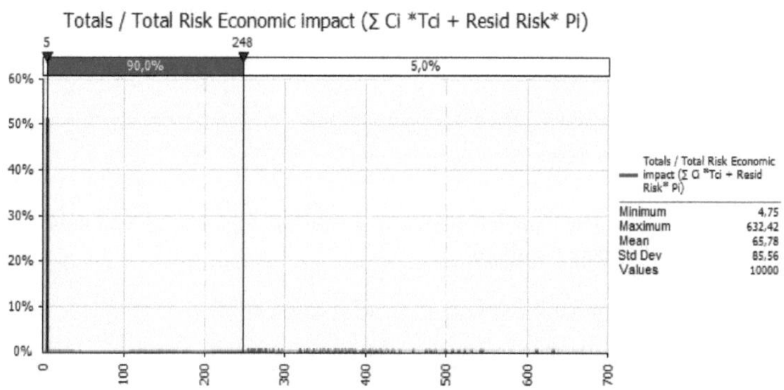

Figura A11. Risco residual económico com baixa dotação orçamental.

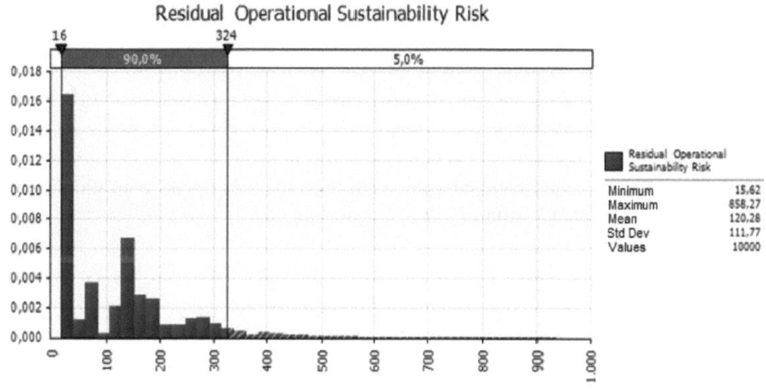

Figura A12. Risco residual após o processo de otimização com uma dotação orçamental reduzida.

Porém, neste caso, a aceitação de alguns riscos torna-se obrigatória. As estratégias de gestão de risco ajudaram na gestão integral do risco, atingindo o objetivo do processo de otimização, que procura reduzir as perdas devidas aos riscos e os custos associados à gestão do risco.

Cenário 4 - O orçamento tende para o infinito.

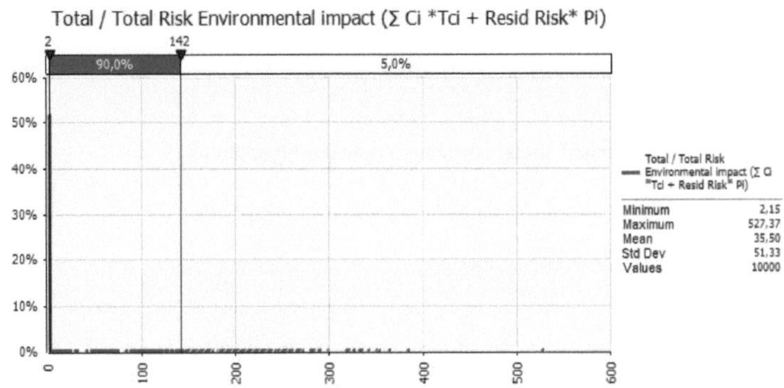

Figura A13. Risco residual ambiental após processo de otimização com uma dotação orçamental que tende para o infinito.

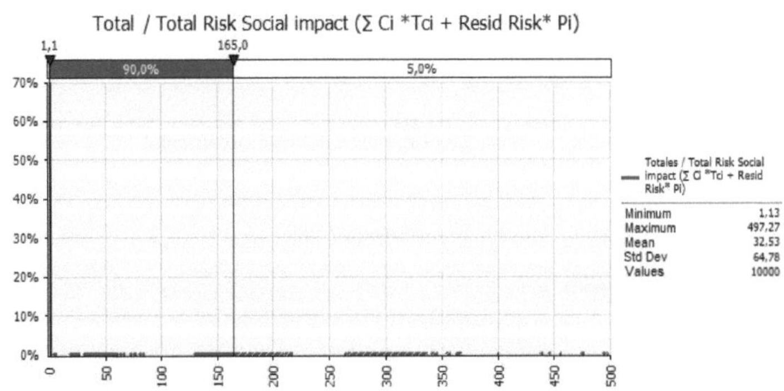

Figura A14. O risco social residual após o processo de otimização com uma dotação orçamental que tende para o infinito.

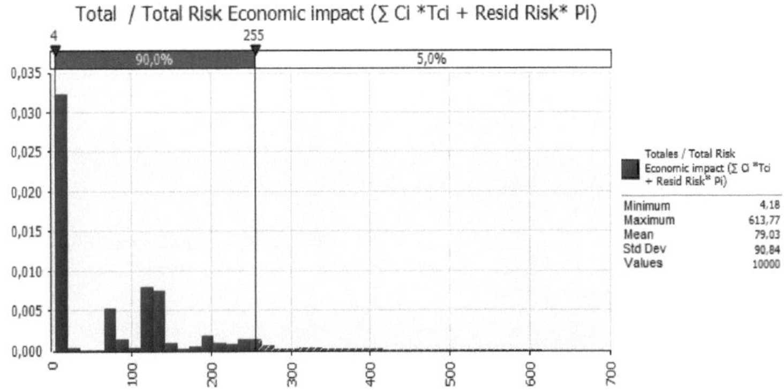

Figura A15. O risco residual económico após o processo de otimização com uma dotação orçamental que tende para o infinito.

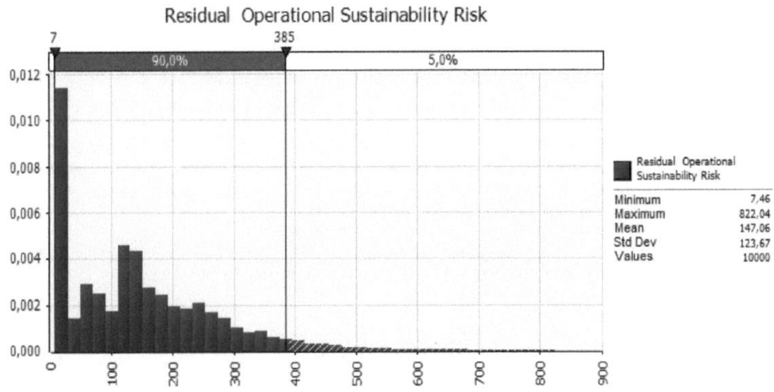

Figura A16. Risco residual após o processo de otimização com uma dotação orçamental que tende para o infinito.

7. Referências

Andersen, L. B., & Häger, D. (2010). An event classification scheme for causal modeling of operational risk in the financial industry. *Reliability, Risk and Safety: Back to the Future*, 2213–2220. https://www.scopus.com/inward/record.uri?eid=2-s2.0-84861708676&partnerID=40&md5=28b3708d527f785d186f1cad57da4a30

Antunes, F., Ribeiro, B., & Pereira, F. (2017). Probabilistic modeling and visualization for bankruptcy prediction. *Applied Soft Computing Journal*, *60*, 831–843. https://doi.org/10.1016/j.asoc.2017.06.043

Atienza-Sahuquillo, C., & Barba-Sánchez, V. (2014). *DESIGN OF A MEASUREMENT MODEL FOR ENVIRONMENTAL PERFORMANCE: APPLICATION TO THE FOOD SECTOR* (Vol. 13, Issue 6). http://omicron.ch.tuiasi.ro/EEMJ/

Baddeley, A., Hardegen, A., Lawrence, T., Milne, R. K., Nair, G., & Rakshit, S. (2017). On two-stage Monte Carlo tests of composite hypotheses. *Computational Statistics and Data Analysis*, *114*, 75–87. https://doi.org/10.1016/j.csda.2017.04.003

Bakke, T. E., Mahmudi, H., Fernando, C. S., & Salas, J. M. (2016). The causal effect of option pay on corporate risk management. *Journal of Financial Economics*, *120*(3), 623–643. https://doi.org/10.1016/j.jfineco.2016.02.007

Barbosa, M. W., Carrasco, S. I. M., & Abarca, P. C. R. (2022). The effect of enterprise risk management competencies on students' perceptions of their work readiness. *International Journal of Management Education*, *20*(2). https://doi.org/10.1016/j.ijme.2022.100638

Beltrán-Beltrán, J. I., & O'Reilly, F. J. (2019). On goodness of fit tests for the Poisson, negative binomial and binomial distributions. *Statistical Papers*, *60*(1), 1–18. https://doi.org/10.1007/s00362-016-0820-5

Bertsch, S., Schmidt, M., & Nyhuis, P. (2014). Modeling of lateness distributions depending on the sequencing method with respect to productivity effects. *CIRP Annals - Manufacturing Technology*, *63*(1), 429–432. https://doi.org/10.1016/j.cirp.2014.03.105

Butler, J., Jia, J., & Dyer, J. (1997). Simulation techniques for the sensitivity analysis of multi-criteria decision models. *European Journal of Operational Research*, *103*(3), 531–546. https://doi.org/10.1016/S0377-2217(96)00307-4

Capone, C., & Narbaev, T. (2022). Estimation of Risk Contingency Budget in Projects using Machine Learning. *IFAC-PapersOnLine*, *55*(10), 3238–3243. https://doi.org/10.1016/j.ifacol.2022.10.140

Chacón Guerrero, E. J., & Eslava Zapata, R. A. (2017). Aplicaciones de Software Científico para el análisis de datos en diseños mixtos de investigación. *Ecomatematico*, *8*(1), 106–115. https://doi.org/10.22463/17948231.1481

Chang, H. K., Yu, W. der, Cheng, S. T., & Cheng, T. M. (2019). The Use of a Multiple Risk Level Model to Tackle the Duration of Risk for Construction Activity. *KSCE Journal of Civil Engineering*, *23*(6), 2397–2408. https://doi.org/10.1007/s12205-019-1757-8

Chang, H.-K., Yu, W.-D., & Cheng, S.-T. (2018). A new project scheduling method based on activity risk duration and systems simulation. *Journal of Technology*, *33*(1), 1–16.

https://www.scopus.com/inward/record.uri?eid=2-s2.0-85045753421&partnerID=40&md5=6e004f9870639a157f3be8e5debf2550

Channell, D. E. (1989). PROBLEM SOLVING WITH SIMULATION. *Journal of Chemical Information and Modeling*, *53*(9), 713–720. https://www.jstor.org/stable/27966472

Chen, C. da, Su, C. H. (Joan), & Chen, M. H. (2022). Are ESG-committed hotels financially resilient to the COVID-19 pandemic? An autoregressive jump intensity trend model. *Tourism Management*, *93*. https://doi.org/10.1016/j.tourman.2022.104581

Chen, H., & Zhao, X. (2022). Green financial risk management based on intelligence service. *Journal of Cleaner Production*, *364*. https://doi.org/10.1016/j.jclepro.2022.132617

Chen, Y., Patelli, E., Zeng, P., Edwards, B., Li, T., & Beer, M. (2020). *Decision Making for Optimal Primary-Support Selection to Minimise Tunnel-Squeezing Risk*. https://doi.org/10.3850/978-981-14-8593-0

Chin, H. H., Varbanov, P. S., Klemeš, J. J., Benjamin, M. F. D., & Tan, R. R. (2020). Asset maintenance optimisation approaches in the chemical and process industries – A review. In *Chemical Engineering Research and Design* (Vol. 164, pp. 162–194). Institution of Chemical Engineers. https://doi.org/10.1016/j.cherd.2020.09.034

Cornalba, C., & Giudici, P. (2004). Statistical models for operational risk management. *Physica A: Statistical Mechanics and Its Applications*, *338*(1), 166–172. https://doi.org/https://doi.org/10.1016/j.physa.2004.02.039

Cornwell, N., Bilson, C., Gepp, A., Stern, S., & Vanstone, B. J. (2022). Modernising operational risk management in financial institutions via data-driven causal factors analysis: A pre-registered report. *Pacific-Basin Finance Journal*, 101906. https://doi.org/10.1016/j.pacfin.2022.101906

Cousin, A., Jiao, Y., Robert, C. Y., & Zerbib, O. D. (2016). Asset allocation strategies in the presence of liability constraints. *Insurance: Mathematics and Economics*, *70*, 327–338. https://doi.org/10.1016/j.insmatheco.2016.06.020

Cruz, J. M. (2009). The impact of corporate social responsibility in supply chain management: Multicriteria decision-making approach. *Decision Support Systems*, *48*(1), 224–236. https://doi.org/10.1016/j.dss.2009.07.013

Cruz, M. (2006). Chapter 14 - Developing a Framework for Operational Risk Analytics. In M. K. Ong (Ed.), *Risk Management* (pp. 295–307). Academic Press. https://doi.org/https://doi.org/10.1016/B978-012088438-4.50014-9

Dadsena, K. K., Sarmah, S. P., Naikan, V. N. A., & Jena, S. K. (2019). Optimal budget allocation for risk mitigation strategy in trucking industry: An integrated approach. *Transportation Research Part A: Policy and Practice*, *121*, 37–55. https://doi.org/10.1016/j.tra.2019.01.007

Danescu, T., Prozan, M., & Prozan, R. D. (2015). The Valances of the Internal Audit in Relationship with the Internal Control – Corporate Governance. *Procedia Economics and Finance*, *26*, 960–966. https://doi.org/10.1016/s2212-5671(15)00915-6

de la Cuesta González, M., Herrasti, E. P., & Gázquez, J. D. P. (2015). Identification d'indicateurs significatifs du travail RSE par l'utilisation de techniques multicritères. *Innovar*, *25*(55), 75–88. https://doi.org/10.15446/innovar.v25n55.47197

Dehghani, H., & Ataee-pour, M. (2012). Determination of the effect of operating cost uncertainty on mining project evaluation. *Resources Policy*, *37*(1), 109–117. https://doi.org/10.1016/j.resourpol.2011.11.001

Dutta, K., & Perry, J. (2007). *A Tale of Tails: An Empirical Analysis of Loss Distribution Models for Estimating Operational Risk Capital **. http://www.federalreserve.gov/boarddocs/press/bcreg/2006/20060330/default.htm.

Elbatal, I., Ahmed, A. N., & Ahsanullah, M. (2010). Characterizations of discrete ditributions by the reversed hazard rate. *Journal of Applied Statistical Science*, *18*(2), 269–279. https://www.scopus.com/inward/record.uri?eid=2-s2.0-84858790681&partnerID=40&md5=8e7febc76ee2acd1745c289826c800e3

Fatemi, A., & Luft, C. (2002). Corporate risk management: Costs and benefits. *Global Finance Journal*, *13*(1), 29–38. https://doi.org/https://doi.org/10.1016/S1044-0283(02)00037-6

Feng, J., Li, J., Shi, W., Zhu, X., & Chen, J. (2013). Operational risk measurement: Peaks-over-threshold (pot) approach using maximum entropy principle (MEP). *Information (Japan)*, *16*(7 B), 4947–4958. https://www.scopus.com/inward/record.uri?eid=2-s2.0-84886893570&partnerID=40&md5=4bde0f701708b16c77c6fcb3e6e8f364

Finger, M., Gavious, I., & Manos, R. (2018). Environmental risk management and financial performance in the banking industry: A cross-country comparison. *Journal of International Financial Markets, Institutions and Money*, *52*, 240–261. https://doi.org/10.1016/j.intfin.2017.09.019

Forcael, E., González, M., Soto, J., Ramis, F., & Rodríguez, C. (2018). Simplified scheduling of a building construction process using discrete event simulation. *Proceedings of the LACCEI International Multi-Conference for Engineering, Education and Technology, 2018-July*. https://doi.org/10.18687/LACCEI2018.1.1.194

Freddi, F., Galasso, C., Cremen, G., Dall'Asta, A., di Sarno, L., Giaralis, A., Gutiérrez-Urzúa, F., Málaga-Chuquitaype, C., Mitoulis, S. A., Petrone, C., Sextos, A., Sousa, L., Tarbali, K., Tubaldi, E., Wardman, J., & Woo, G. (2021). Innovations in earthquake risk reduction for resilience: Recent advances and challenges. *International Journal of Disaster Risk Reduction, 60*. https://doi.org/10.1016/j.ijdrr.2021.102267

Fu, G., Xie, X., Jia, Q., Tong, W., & Ge, Y. (2020). Accidents analysis and prevention of coal and gas outburst: Understanding human errors in accidents. *Process Safety and Environmental Protection*, *134*, 1–23. https://doi.org/10.1016/j.psep.2019.11.026

Gao, T., Gupta, A., Gulpinar, N., & Zhu, Y. (2015). Optimal hedging strategy for risk management on a network. *Journal of Financial Stability*, *16*, 31?44-44. https://doi.org/10.1016/j.jfs.2014.10.005

Gao, Y., Li, Z., Wang, F., Wang, F., Tan, R. R., Bi, J., & Jia, X. (2018). A game theory approach for corporate environmental risk mitigation. *Resources, Conservation and Recycling*, *130*, 240–247. https://doi.org/10.1016/j.resconrec.2017.12.009

Ghadimi, P., Donnelly, O., Sar, K., Wang, C., & Azadnia, A. H. (2022). The successful implementation of industry 4.0 in manufacturing: An analysis and prioritization of risks in Irish industry. *Technological Forecasting and Social Change*, *175*. https://doi.org/10.1016/j.techfore.2021.121394

Gonzalez-Cortes, A., Burlet-Vienney, D., Chinniah, Y., ben Mosbah, A., Bahloul, A., & Ouellet, C. (2022). Inherently Safer Design (ISD) solutions in confined spaces: Experts' practical feedback in Quebec, Canada. *Process Safety and Environmental Protection*, *157*, 375–389. https://doi.org/10.1016/j.psep.2021.11.044

Grant, D., Vora, G., & Weeks, D. (1997). Path-dependent options: Extending the Monte Carlo simulation approach. *Management Science*, *43*(11), 1589–1602. https://doi.org/10.1287/mnsc.43.11.1589

Griffy-Brown, C., Miller, H., Zhao, V., Lazarikos, D., & Chun, M. (2019). Emerging Technologies and Risk: How Do We Optimize Enterprise Risk When Deploying Emerging Technologies? *2019 IEEE Technology & Engineering Management Conference (TEMSCON)*, 1–5. https://doi.org/10.1109/TEMSCON.2019.8813743

Guo, X., Ding, L., Ji, J., & Cozzani, V. (2022). A cost-effective optimization model of safety investment allocation for risk reduction of domino effects. *Reliability Engineering and System Safety*, *225*. https://doi.org/10.1016/j.ress.2022.108584

Hajdu, M., & Bokor, O. (2016). Sensitivity analysis in PERT networks: Does activity duration distribution matter? *Automation in Construction*, *65*, 1–8. https://doi.org/10.1016/j.autcon.2016.01.003

Hang Chan, N., & Ying Wong, H. (2015). Simulation Techniques in Financial Risk Management. In *Technometrics* (Vol. 49, Issue 2). https://doi.org/10.1198/tech.2007.s475

Hardison, D., Behm, M., Hallowell, M. R., & Fonooni, H. (2014). Identifying construction supervisor competencies for effective site safety. *Safety Science*, *65*, 45–53. https://doi.org/10.1016/j.ssci.2013.12.013

Harling, J., Or, S., & Mar, N. (1958). *Simulation Techniques in Operational*. *9*(1), 9–21.

Hernández-Perlines, F., & Sánchez-Infantes, J. P. (2016). Análisis del efecto de la responsabilidad social empresarial en los resultados empresariales de las micro, pequeñas y medianas empresas (MIPYMEs). *Journal Globalization, Competitiveness and Governability*, *10*(1), 110–123. https://doi.org/10.3232/GCG.2016.V10.N1.06

Hoang, D., & Ruckes, M. (2017). Corporate risk management, product market competition, and disclosure. *Journal of Financial Intermediation*, *30*, 107–121. https://doi.org/10.1016/j.jfi.2016.07.003

Hosny, H. E., Ibrahim, A. H., & Fraig, R. F. (2018). Risk management framework for Continuous Flight Auger piles construction in Egypt. *Alexandria Engineering Journal*, *57*(4), 2667–2677. https://doi.org/10.1016/j.aej.2017.10.003

Howell, S. T. (2020). Firm type variation in the cost of risk management. *Journal of Corporate Finance*, *64*. https://doi.org/10.1016/j.jcorpfin.2020.101691

Hui, L. T., & Fatt, Q. K. (2007). Strategic organizational conditions for risks reduction and earnings management: A combined strategy and auditing paradigm. *Accounting Forum*, *31*(2), 179–201. https://doi.org/10.1016/j.accfor.2006.12.003

Hussain, T. (2020). A zero truncated discrete distribution: Theory and applications to count data. *Pakistan Journal of Statistics and Operation Research*, *16*(1), 167–190. https://doi.org/10.18187/PJSOR.V16I1.2133

Jack, P., & Kleijnen, C. (1988). *Analyzing Simulation Experiments with Common Random Numbers*. *34*(1), 65–74.

Jaco, J. C. E., Galarza, C. M. L., Venero, R. M., & Quispe, J. A. D. (2021). Monte carlo simulation in a peruvian highway. *Civil Engineering and Architecture*, *9*(6), 1727–1734. https://doi.org/10.13189/cea.2021.090606

Jayasree, G., & Swamy, R. J. R. (2006). Some new discrete probability distributions derived from power series distributions. *Communications in Statistics - Theory and Methods*, *35*(9), 1555–1567. https://doi.org/10.1080/03610920600683879

Jing, L., Chen, B., Zhang, B., Zheng, J., & Li, P. (2012). A stochastic analytical hierarchy process for supporting nonpoint source pollution control. *Proceedings, Annual Conference - Canadian Society for Civil Engineering*, *2*, 1167–1176. https://www.scopus.com/inward/record.uri?eid=2-s2.0-84875485372&partnerID=40&md5=8a5e84139362674efc83c3af2d3aa9f3

Jung, S., Ng, D., Lee, J. H., Vazquez-Roman, R., & Mannan, M. S. (2010). An approach for risk reduction (methodology) based on optimizing the facility layout and siting in toxic gas release scenarios. *Journal of Loss Prevention in the Process Industries*, *23*(1), 139–148. https://doi.org/10.1016/j.jlp.2009.06.012

Kerim, K., & Zeynep, I. (2021). Assessment of Urban Flood Risk Factors Using Monte Carlo Analytical Hierarchy Process. *Natural Hazards Review*, *22*(4), 04021048. https://doi.org/10.1061/(ASCE)NH.1527-6996.0000516

Keshk, A. M., Maarouf, I., & Annany, Y. (2018). Special studies in management of construction project risks, risk concept, plan building, risk quantitative and qualitative analysis, risk response strategies. *Alexandria Engineering Journal*, *57*(4), 3179–3187. https://doi.org/10.1016/j.aej.2017.12.003

Kirk, R. (2019). Experimental design. *EEG Signal Processing and Feature Extraction*, 43–69. https://doi.org/10.1007/978-981-13-9113-2_4

Klenke, A., & Mattner, L. (2010). Stochastic ordering of classical discrete distributions. *Advances in Applied Probability*, *42*(2), 392–410. https://doi.org/10.1239/aap/1275055235

Kolotzek, C., Helbig, C., Thorenz, A., Reller, A., & Tuma, A. (2018). A company-oriented model for the assessment of raw material supply risks, environmental impact and social implications. *Journal of Cleaner Production*, *176*, 566–580. https://doi.org/10.1016/j.jclepro.2017.12.162

Komljenovic, D., Loiselle, G., & Kumral, M. (2017). Organization: A new focus on mine safety improvement in a complex operational and business environment. *International Journal of Mining Science and Technology*, *27*(4), 617–625. https://doi.org/10.1016/j.ijmst.2017.05.006

Kouloukoui, D., Marinho, M. M. de O., Gomes, S. M. da S., Kiperstok, A., & Torres, E. A. (2019). Corporate climate risk management and the implementation of climate projects by the world's largest emitters. *Journal of Cleaner Production*, *238*. https://doi.org/10.1016/j.jclepro.2019.117935

Krausmann, E., Girgin, S., & Necci, A. (2019). Natural hazard impacts on industry and critical infrastructure: Natech risk drivers and risk management performance indicators. *International Journal of Disaster Risk Reduction*, *40*. https://doi.org/10.1016/j.ijdrr.2019.101163

Kritzman, M. (1993). What Practitioners Need to Know…About Monte Carlo Simulation. *Financial Analysts Journal*, *49*(6), 17–20. https://doi.org/10.2469/faj.v49.n6.17

Kwak, Y. H., & Ingall, L. (2007). Exploring Monte Carlo Simulation Applications for Project Management. *Risk Management*, *9*(1), 44–57. https://doi.org/10.1057/palgrave.rm.8250017

Laínez, J. M., Puigjaner, L., & Reklaitis, G. v. (2009). Financial and financial engineering considerations in supply chain and product development pipeline management. *Computers and Chemical Engineering*, *33*(12), 1999–2011. https://doi.org/10.1016/j.compchemeng.2009.06.025

Lang, M., Ouarda, T. B. M. J., & Bobée, B. (1998). *Towards operational guidelines for over-threshold modeling*. www.elsevier.com/locate/jhydrol

Le, A. T., Doan, A. T., & Phan, T. (2021). Institutional development and firm risk from a dynamic perspective: Does ownership structure matter? *Economic Analysis and Policy*, *72*, 342–357. https://doi.org/10.1016/j.eap.2021.09.007

Leith, H. M., & Piper, J. W. (2013). Identification and application of security measures for petrochemical industrial control systems. *Journal of Loss Prevention in the Process Industries*, *26*(6), 982–993. https://doi.org/10.1016/j.jlp.2013.10.009

Leveson, N. (2015). A systems approach to risk management through leading safety indicators. *Reliability Engineering and System Safety*, *136*, 17–34. https://doi.org/10.1016/j.ress.2014.10.008

Liagkouras, K., Metaxiotis, K., & Tsihrintzis, G. (2022). Incorporating environmental and social considerations into the portfolio optimization process. *Annals of Operations Research*, *316*(2), 1493–1518. https://doi.org/10.1007/s10479-020-03554-3

Lien, H. H., de Mey, Y., Bush, S. R., & Meuwissen, M. P. M. (2021). A socio-spatial index for risk management in shrimp aquaculture across landscapes. *Aquaculture*, *531*. https://doi.org/10.1016/j.aquaculture.2020.735861

Liu, X., Shen, L., & Zhang, K. (2021). Estimating the probability distribution of construction project completion times based on drum-buffer-rope theory. *Applied Sciences (Switzerland)*, *11*(15). https://doi.org/10.3390/app11157150

Liu, Z., & Wang, J. (2019). Supply chain network equilibrium with strategic financial hedging using futures. *European Journal of Operational Research*, *272*(3), 962–978. https://doi.org/10.1016/j.ejor.2018.07.029

Lotfi, R., Haqiqat, E., Sadra Rajabi, M., & Hematyar, A. (2022). Robust and resilience budget allocation for projects with a risk-averse approach: a case study in healthcare projects. *Computers & Industrial Engineering*, 108948. https://doi.org/10.1016/j.cie.2022.108948

Lozano, R., & von Haartman, R. (2018). Reinforcing the holistic perspective of sustainability: Analysis of the importance of sustainability drivers in organizations. *Corporate Social Responsibility and Environmental Management*, *25*(4), 508–522. https://doi.org/10.1002/csr.1475

Lu, Y., Niu, D., Zhang, S., Chang, H., & Lin, Z. (2022). Ventilation indices for evaluation of airborne infection risk control performance of air distribution. *Building and Environment*, *222*. https://doi.org/10.1016/j.buildenv.2022.109440

Luther, B., Gunawan, I., & Nguyen, N. (2023). Identifying effective risk management frameworks for complex socio-technical systems. In *Safety Science* (Vol. 158). Elsevier B.V. https://doi.org/10.1016/j.ssci.2022.105989

Makarova, V. (2021). Measuring corporate management in business maturity forecasting models. *Original Research, 9*(4), 277–290.

Marín, L. A., & Noboa, A. (2014). *Conocer lo social: Estrategias, técnicas de construcción y análisis de datos.* (Editorial Fragua, Ed.).

Mendicino, L., Menniti, D., Pinnarelli, A., & Sorrentino, N. (2019). Corporate power purchase agreement: Formulation of the related levelized cost of energy and its application to a real life case study. *Applied Energy, 253.* https://doi.org/10.1016/j.apenergy.2019.113577

Michalski, G. (2009). Inventory management optimization as part of operational risk management. *Economic Computation and Economic Cybernetics Studies and Research, 4.* https://www.scopus.com/inward/record.uri?eid=2-s2.0-70849128982&partnerID=40&md5=992788d325679f6f7723f16ca7ca9ad4

Mitchell, K., Nagrial, M., & Rizk, J. (2005). Simulation and optimisation of renewable energy systems. *International Journal of Electrical Power and Energy Systems, 27*(3), 177–188. https://doi.org/10.1016/j.ijepes.2004.10.001

Mohammed, H. K., & Knapkova, A. (2016). The Impact of Total Risk Management on Company's Performance. *Procedia - Social and Behavioral Sciences, 220,* 271–277. https://doi.org/10.1016/j.sbspro.2016.05.499

Mohsni, S., & Otchere, I. (2014). Risk taking behavior of privatized banks. *Journal of Corporate Finance, 29,* 122–142. https://doi.org/10.1016/j.jcorpfin.2014.07.007

Moreno-Cabezali, B. M., & Fernandez-Crehuet, J. M. (2020). Application of a fuzzy-logic based model for risk assessment in additive manufacturing R&D projects. *Computers and Industrial Engineering, 145.* https://doi.org/10.1016/j.cie.2020.106529

Odimabo, O., & Oduoza, C. F. (2018). Guidelines to Aid Project Managers in Conceptualising and Implementing Risk Management in Building Projects. *Procedia Manufacturing, 17,* 515–522. https://doi.org/10.1016/j.promfg.2018.10.091

Odusami, B. O. (2021). Forecasting the Value-at-Risk of REITs using realized volatility jump models. *North American Journal of Economics and Finance, 58.* https://doi.org/10.1016/j.najef.2021.101426

Oliveira, J. B., Jin, M., Lima, R. S., Kobza, J. E., & Montevechi, J. A. B. (2019). The role of simulation and optimization methods in supply chain risk management: Performance and review standpoints. In *Simulation Modelling Practice and Theory* (Vol. 92, pp. 17–44). Elsevier B.V. https://doi.org/10.1016/j.simpat.2018.11.007

Pan, X., & Xin, Z. (2013). Study of Cost-Time-Quality in Project Failure Risk Assessment Based on Monte Carlo Simulation. In E. Qi, J. Shen, & R. Dou (Eds.), *The 19th International Conference on Industrial Engineering and Engineering Management* (pp. 1361–1368). Springer Berlin Heidelberg.

Parolin, G., Borges, A. T., Santos, L. C. C., & Borille, A. v. (2021). A tool for aircraft eco-design based on streamlined Life Cycle Assessment and Uncertainty Analysis. *Procedia CIRP, 98,* 565–570. https://doi.org/10.1016/j.procir.2021.01.152

Peña, A., Bonet, I., Lochmuller, C., Chiclana, F., & Góngora, M. (2018). Flexible inverse adaptive fuzzy inference model to identify the evolution of operational value at risk for improving operational risk management. *Applied Soft Computing Journal*, *65*, 614–631. https://doi.org/10.1016/j.asoc.2018.01.024

Pich, M. T., Loch, C. H., & Meyer, A. de. (2002). On Uncertainty, Ambiguity, and Complexity in Project Management. *Management Science*, *48*(8), 1008–1023. https://doi.org/10.1287/mnsc.48.8.1008.163

Power, M. (2013). The apparatus of fraud risk. *Accounting, Organizations and Society*, *38*(6–7), 525–543. https://doi.org/10.1016/j.aos.2012.07.004

Rakhaev, V. A. (2020). Developing credit risk assessment methods to make loss provisions for potential loans. *Finance: Theory and Practice*, *24*(6), 82–91. https://doi.org/10.26794/2587-5671-2020-24-6-82-91

Ramírez-Marengo, C., de Lira-Flores, J., López-Molina, A., Vázquez-Román, R., Carreto-Vázquez, V., & Mannan, M. S. (2013). A formulation to optimize the risk reduction process based on LOPA. *Journal of Loss Prevention in the Process Industries*, *26*(3), 489–494. https://doi.org/10.1016/j.jlp.2012.07.009

Razminia, K., & Razminia, A. (2022). Convolution integral for fractional diffusion equation. In *Chaos, Solitons and Fractals* (Vol. 155). Elsevier Ltd. https://doi.org/10.1016/j.chaos.2021.111728

Rikhotso, O., Morodi, T. J., & Masekameni, D. M. (2022). Health risk management cost items imposed by Occupational Health and Safety Regulations: A South African perspective. In *Safety Science* (Vol. 150). Elsevier B.V. https://doi.org/10.1016/j.ssci.2022.105707

Rolo, G., & Díaz-Cabrera, D. (2005). Decision-making processes evaluation using two methodologies: Field and simulation techniques. *Theoretical Issues in Ergonomics Science*, *6*(1), 35–48. https://doi.org/10.1080/14639220512331311544

Roy, S. (2022). Optimizing safety budget allocation in process industry using risk metrics. *Journal of Loss Prevention in the Process Industries*, *79*. https://doi.org/10.1016/j.jlp.2022.104832

Roy Sarkar, K. (2010). Assessing insider threats to information security using technical, behavioural and organisational measures. *Information Security Technical Report*, *15*(3), 112–133. https://doi.org/10.1016/j.istr.2010.11.002

Saliby, E. (1990). *Descriptive Sampling : A Better Approach to Monte Carlo Simulation Author (s): Eduardo Saliby Source : The Journal of the Operational Research Society , Dec ., 1990 , Vol . 41 , No . 12 Published by : Palgrave Macmillan Journals on behalf of the Operati*. *41*(12), 1133–1142.

Samson, D. A. (1987). Corporate risk philosophy for improved risk management. *Journal of Business Research*, *15*(2), 107–122. https://doi.org/https://doi.org/10.1016/0148-2963(84)90043-2

Senarak, C. (2021). Cybersecurity knowledge and skills for port facility security officers of international seaports: Perspectives of IT and security personnel. *Asian Journal of Shipping and Logistics*, *37*(4), 345–360. https://doi.org/10.1016/j.ajsl.2021.10.002

Seyedhossein, S. S., & Moeini-Aghtaie, M. (2022). Risk management framework of peer-to-peer electricity markets. *Energy*, *261*. https://doi.org/10.1016/j.energy.2022.125264

Shevchenko, P. v. (2009). *Implementing Loss Distribution Approach for Operational Risk*. https://doi.org/10.1002/asmb.812

Shojaeimehr, S., & Rahmani, D. (2022). Risk management of photovoltaic power plants using a novel fuzzy multi-criteria decision-making method based on prospect theory: A sustainable development approach. *Energy Conversion and Management: X, 16*. https://doi.org/10.1016/j.ecmx.2022.100293

Shreve, C. M., & Kelman, I. (2014). Does mitigation save? Reviewing cost-benefit analyses of disaster risk reduction. *International Journal of Disaster Risk Reduction*, *10*(PA), 213–235. https://doi.org/10.1016/j.ijdrr.2014.08.004

Silva, I. R. (2017). Confidence intervals through sequential Monte Carlo. *Computational Statistics and Data Analysis*, *105*, 112–124. https://doi.org/10.1016/j.csda.2016.07.017

Sinharay, S. (2010). Discrete Probability Distributions. In P. Peterson, E. Baker, & B. McGaw (Eds.), *International Encyclopedia of Education (Third Edition)* (pp. 132–134). Elsevier. https://doi.org/https://doi.org/10.1016/B978-0-08-044894-7.01721-8

Snyman, J. A., & Wilke, D. N. (2018). *Practical mathematical optimization*. Springer.

Sokri, A. (2019). Cyber security risk modelling and assessment: A quantitative approach. *European Conference on Information Warfare and Security, ECCWS*, *2019-July*, 466–474. https://www.scopus.com/inward/record.uri?eid=2-s2.0-85070014132&partnerID=40&md5=bd78c2cf670a0650d908d73d62cba3cd

Stainer, L., & Grey, S. (2007). The ethical landscape of outsourcing performance. *International Journal of Business Performance Management*, *9*(4), 453–469. https://doi.org/10.1504/IJBPM.2007.013365

Staking, K. B. (2015). Creating value through strategic risk management. In *The Routledge Companion to Strategic Risk Management* (pp. 438–449). https://doi.org/10.4324/9781315780931-39

Stocker, E., Toschkoff, G., Sacher, S., & Khinast, J. G. (2014). Use of mechanistic simulations as a quantitative risk-ranking tool within the quality by design framework. *International Journal of Pharmaceutics*, *475*(1), 245–255. https://doi.org/10.1016/j.ijpharm.2014.08.055

Torres, A., Echeverry, D., & Arciniegas, F. (1998). Project planning under uncertainty using Monte Carlo simulations. *IEMC '98 Proceedings. International Conference on Engineering and Technology Management. Pioneering New Technologies: Management Issues and Challenges in the Third Millennium (Cat. No.98CH36266)*, 159–165. https://doi.org/10.1109/IEMC.1998.727754

Torres-Ruiz, A., & Ravindran, A. R. (2018). Multiple criteria framework for the sustainability risk assessment of a supplier portfolio. *Journal of Cleaner Production*, *172*, 4478–4493. https://doi.org/10.1016/j.jclepro.2017.10.304

Trumpp, C., Endrikat, J., Zopf, C., & Guenther, E. (2015). Definition, Conceptualization, and Measurement of Corporate Environmental Performance: A Critical Examination of a Multidimensional Construct. *Journal of Business Ethics*, *126*(2), 185–204. https://doi.org/10.1007/s10551-013-1931-8

Vilas, K. R., & Magraw, R. J. (2020). Why proactive assessment of hydrogen fuelling risks is essential. *Institution of Chemical Engineers Symposium Series*, *2020-November*(167). https://www.scopus.com/inward/record.uri?eid=2-s2.0-85106612962&partnerID=40&md5=ec35a7b3ca8dd4751aea8731ad5d84cd

Visser, J. K. (2016). Suitability of different probability distributions for performing schedule risk simulations in project management. *2016 Portland International Conference on Management of*

Engineering and Technology (PICMET), 2031–2039. https://doi.org/10.1109/PICMET.2016.7806608

Wang, X., Zhao, T., & Chang, C. ter. (2021). An integrated FAHP-MCGP approach to project selection and resource allocation in risk-based internal audit planning: A case study. *Computers and Industrial Engineering*, *152*. https://doi.org/10.1016/j.cie.2020.107012

Yakhchali, S. H. (2011). A simple approach to project scheduling in networks with stochastic durations. *Proceedings of the World Congress on Engineering 2011, WCE 2011*, *1*, 560–565. https://www.scopus.com/inward/record.uri?eid=2-s2.0-80755123057&partnerID=40&md5=67ad570c7fd12f782f106b28079bbe4c

Yang, Q., Chin, K. S., & Li, Y. L. (2018). A quality function deployment-based framework for the risk management of hazardous material transportation process. *Journal of Loss Prevention in the Process Industries*, *52*, 81–92. https://doi.org/10.1016/j.jlp.2018.02.001

Yang, X., & Sam Mannan, M. (2010). An uncertainty and sensitivity analysis of dynamic operational risk assessment model: A case study. *Journal of Loss Prevention in the Process Industries*, *23*(2), 300–307. https://doi.org/10.1016/j.jlp.2009.11.001

Zafra-Cabeza, A., Maestre, J. M., Ridao, M. A., Camacho, E. F., & Sánchez, L. (2011). A hierarchical distributed model predictive control approach to irrigation canals: A risk mitigation perspective. *Journal of Process Control*, *21*(5), 787–799. https://doi.org/10.1016/j.jprocont.2010.12.012

Zhai, M. (2021). Risk Prediction and Response Strategies in Corporate Financial Management Based on Optimized BP Neural Network. *Complexity*, *2021*. https://doi.org/10.1155/2021/9973377

Zhang, H. (2020). Optimization of risk control in financial markets based on particle swarm optimization algorithm. *Journal of Computational and Applied Mathematics*, *368*. https://doi.org/10.1016/j.cam.2019.112530

Zhang, L. (2020). The optimization analysis of the communication model of negative influence of the entrepreneur's social relationship change. *Intelligent Automation and Soft Computing*, *26*(3), 577–583. https://doi.org/10.32604/iasc.2020.013936

Zhang, S., & Jin, L. (2020). Research on Software Project Schedule Management Method based on Monte Carlo Simulation. *2020 IEEE 5th Information Technology and Mechatronics Engineering Conference (ITOEC)*, 1605–1608. https://doi.org/10.1109/ITOEC49072.2020.9141570

Zhang, S., & Wang, X. (2021). Dynamic Probability Analysis for Construction Schedule Using Subset Simulation. *Advances in Civil Engineering*, *2021*. https://doi.org/10.1155/2021/1567261

Zhao, X., Hwang, B. G., & Low, S. P. (2015). Enterprise risk management in international construction firms: Drivers and hindrances. *Engineering, Construction and Architectural Management*, *22*(3), 347–366. https://doi.org/10.1108/ECAM-09-2014-0117

Zhen, X., Li, Y., Cai, G. (George), & Shi, D. (2016). Transportation disruption risk management: Business interruption insurance and backup transportation. *Transportation Research Part E: Logistics and Transportation Review*, *90*, 51–68. https://doi.org/10.1016/j.tre.2016.01.005

Zheng, D., Yu, L., & Wang, L. (2019). A techno-economic-risk decision-making methodology for large-scale building energy efficiency retrofit using Monte Carlo simulation. *Energy*, *189*. https://doi.org/10.1016/j.energy.2019.116169

Zhu, W., Zhang, T., Wu, Y., Li, S., & Li, Z. (2022). Research on optimization of an enterprise financial risk early warning method based on the DS-RF model. *International Review of Financial Analysis, 81*. https://doi.org/10.1016/j.irfa.2022.102140

MIX
Papier aus verantwortungsvollen Quellen
Paper from responsible sources
FSC® C105338

Printed by Books on Demand GmbH, Norderstedt / Germany